100 Words from Great Inspirational Women

ワタナベ薫

凛として生きるための100の言葉

KADOKAWA

はじめに

本書を手にとっていただきまして、ありがとうございました。本書は、過去の偉人女性たちの影響力がある言葉を選択し、それに私の解説を加えました。また、多くの女性たちの夢の実現のために関わってきた私の言葉も加えてある格言本です。

偉人女性たちの格言のことを英語では、「グレート・インスピレーショナル・ウーマン(Great Inspirational Women)」と言います。「インスピレーショナル(Inspirational)」とは、「インスピレーションを与える」こと。つまり、本書は、あなたに**ひらめき、直感などのインスピレーション**を与えます。インスピレーショナルの別の意味は、「鼓舞する」とありますので、本書は、あなたを奮い立たせ励ます格言の大全集と言えるものです。

Prologue

人とのご縁と同じように、本との出合い、言葉、文章との出合いも同じくご縁であり必然です。この本を手にされたあなたはきっと、ご自身の人生に向き合っていらっしゃる方だと思います。この本の何かに直感的に惹かれ、手にして今ここを読んでいます。もしかして今、あなたは何か問題を抱えていたり、叶えたい望みがあるかもしれません。しかし、どうやってそれを乗り越えたらよいのかわからないかもしれませんね。

本書には、あなたが欲しかった疑問の答えや、強いマインドの作り方、問題の乗り越え方が書かれています。それは、まるで偉人女性たちがあなたのメンターであるかのように、あなたの人生に必要なことを教えてくれます。なぜ、そう言えるのでしょうか？　もう少し、その点に関して説明いたします。

特に今の時代、なぜ過去に存在した力強い女性たちの言葉が必要なのかというと、今、歴史の転換点にあるからです。「これから先、どうなっていくのだろう」と恐れと不安のなかで私たちは日常を生きているかもしれません。しかし、過去にも同じように大変革期を生き残った先人たちがいて、そしてその人々は未来の私たちに、力強い言葉の多くを残してくださいました。

このような不安定な時期に流行するのが、占いなどのスピリチュアル的なこと。それは、多くの人々が不安や恐れを解消するために、なんとかして未来を知ろうとするからです。確かに時代を先読みして、これから起きることなどの予言や占いは、いつの時代も人々の心を摑《つか》んでいるのかもしれませんが、私たちに必要なのは、そうした確実性のない未来の予言ではありません。私たちに必要なのは**「今を生きる力」「知恵」「励まし」です。**

言葉というのは、不思議と古くなりません。何十年、何百年、はたまた、仏典や聖書などのように、実に数千年経っていても、今なお、大きな影響力があり貴重なアドバイスとなっています。

メッセージ性のある言葉というのは不思議なもので、遠い昔の言葉であっても、それは生きており、時代の変化に影響を受けずに、しかもどの時代にもマッチしており、私たちが生きるうえで、知恵を与え、ヒントになり、そしてそれらの言葉は、あなたのなかから真の答えを導き出す、とびきりのメンターのような役目を果たすのです。

先人たちは、後世の私たちにその力強い言葉を残してくださいました。あなたがつらいとき、選択に迷ったとき、不安と怖れに襲われたとき、生きるのがつら過ぎる……と思うほどの逆境や試練にあったとき、何を信じて、どうしたらいいのかを、偉人女性たちは、過去から今と未来のあなたに呼びかけています。偉人女性たちの格言のなかには、**私が今いちばんあなたに伝えたい言葉**もあります。その数々の言葉は、多くの女性たちに影響を与えたものを選びました。

私はこうした言葉を通しての表現者になってから14年以上が経ち、本を出版するようになってから、約8年が経ちました。言葉を扱う人間として、言葉の威力を、身をもって感じてきたのです。誰かの何気ない言葉が人を癒やしたり、たった一つのブログの記事で、誰かの人生が大きく変化していく様子を拝見する喜びを、これまでたくさん経験させていただきました。

そして私自身、半世紀以上生きてきたなかで、生きることに力尽きそうになったとき、**多くの先人たちの言葉**から大きな力をいただきました。時代が流れ、変化していくなかにありながら、時代と国と文化を超え、人生において大切な数々の言葉が、不思議とどの問題にも当てはまり、自分が悩んでいることに対する答えを受け取る経験を何度もしてきたのです。

言葉には信じられないようなエネルギーが宿っています。たった一冊の本が、たった一行の言葉が、人生を変えることもあるのです。その言葉にさらにエネルギーを注ぐことができるのは、他でもないあなた自身です。

その言葉を受け取り、生活や人生に活かし、もしかしたら、あなたが直面したことがある、似たような問題で悩んでいる人や家族や子どもたちに、その言葉をプレゼントすることで、言葉にさらなるエネルギーを注ぐことができます。それは、どんな高価な目に見えるプレゼントよりも価値があり、そしてまたその言葉が受け継がれていくことでしょう。

次のような古い格言があります。「機《おり》にかないて語る言《ことば》は銀の彫刻物《ほりもの》に金の林檎を嵌《は》めたるが如し」（『旧約聖書』箴言25章11節）

この格言の意味を説明しますと、ふさわしいとき、適切なときに語られる言葉というのは、とても貴重で価値あるものである、ということです。あなたが困っているときに、誰かの、グッドタイミングで語られる、ふさわしいアドバイスは、あなたにとって貴重な宝物のようなものになるのです。本書は、あなたやあなたの友や家族が困ったとき、力が欲しいとき、誰かからアドバイスがほしいときは、どこかに必ず適切な答えを見出すことができる、人生の指南書となることでしょう。

さて、本書を必要としているのはどのような方々でしょうか？

●人生に迷っている人
●生きる力が欲しい人
●自分軸を構築したい人
●夢を叶えたい人
●内外ともに、美しく生きたい人
●決断力が欲しい人
●強く、しなやかに生きたい人
●感性を豊かにしたい人

もし、あなた自身に一つでも当てはまるなら、この本を**あなたの人生に寄り添う友の一つに加えてほしい**と思います。**先人たちが残した数々の言葉が命を吹き返したかのように、あなたを鼓舞し、大きな影響を与え、あなたを勇気づけ、励まし続けることでしょう。**

ページをめくるたび、あなたの内なるところで魂が小さく震えたり、心が強くなったり、何かがふっきれたりすることでしょう。この本を手に取る人々が、**偉人女性たちの意志を**

受け継ぎ、彼女たちのようなそんな**凜とした、美しくて強くてしなやかな女性**にますます
なっていくことを願っています。あなたのお気に入りの場所で、本書の格言を一つひとつ
嚙み締めてお読みになってみてください。

Chapter 1

Love

愛

Great
Inspirational
Words

01

私たちは、生まれたときから
愛する力が備わっています。
それは筋肉と同じで、鍛えなくては、
衰えていってしまうのです

――オードリー・ヘプバーン

We are born with the ability to love, yet we have to develop it like you would any other muscle.

オードリー・ヘプバーン（Audrey Hepburn/Audrey Kathleen Hepburn-Ruston）

イギリスの女優。映画界ならびにファッション界のアイコンとして知られる。代表作に映画『ローマの休日』『麗しのサブリナ』『ティファニーで朝食を』など多数。アカデミー賞、エミー賞、グラミー賞、トニー賞の受賞経験を持つ数少ない人物の一人である。1929年〜1993年。

「愛」は、誰にも教えてもらわなくても、もともとDNAに備わっていたものです。生まれたばかりの赤ちゃんは、お腹のなかにいたときから、母親の愛情を感じながら育ち、そして母親にも愛を感じています。

お腹がすけば泣いてそれを知らせ、おっぱいをもらい満たしてもらう。不快感があって泣けば、おしめを替えてもらえる。こうして赤ちゃんは成長段階でさらに愛を学ぶのです。愛を与えられて成長したときに、今度は人々への惜しみない愛情を表現することができるようになります。

しかし、周囲の人々からの影響や育った環境で、もともと備わっていた愛が、どんどん薄れていくことがあります。ですから、私たちは**愛情を表現し、愛を言葉と行動に移し、相互にその愛を感じる必要がある**のです。それが**愛の筋トレ**になります。

日本人は、愛情表現がなかなか難しいと感じる人が多いですが、出し惜しみすべきではありません。見返りのない愛情を与え続けたときに、それがどんどん筋肉のように強力になり、愛情深い人になれるのですから。

Great
Inspirational
Words

02

恋をしなさい。
好きと言えないなんて、
ケチな根性よ

――宇野千代

Love fully and tell your partner how you feel. To not express your feelings is foolish.

宇野千代（うの・ちよ）

小説家。尾崎士郎や東郷青児との恋愛・同棲のあと、北原武夫と結婚、離婚。恋に生きた女性。小説『おはん』で野間文芸賞、女流文学者賞を受賞。著書に『色ざんげ』『風の音』『雨の音』など多数。1897年～1996年。

多くの著名人との恋愛・結婚遍歴を持つ、大正、昭和、そして平成を駆け抜けた宇野千代さんの言葉。おもしろい逸話があって、宇野千代さんが『徹子の部屋』（テレビ朝日系）に出演したとき、黒柳徹子《くろやなぎてつこ》さんが、「あたし、あんなに、寝た、寝たと、まるで昼寝でもしたように、お話しになる方と、初めてお会いしましたわ」と言うくらい、千代さんは、恋多き女性だったようです。今では不倫というと白い目で見られるかもしれませんが、彼女はただただ「好き」という感情に素直な女性だったのかもしれません。

恋愛というのは、本当にパワーがあり、この**「好き」という感情は生きるパワー**ともなり、「好き」という気持ちを素直に相手に伝えること、これはある意味、与える精神なのです。

いくつになっても、**恋をすることは長生きの秘訣**であることは、宇野千代さんが99歳まで活力的に生きたことからもよくわかります。

あなたは恋をしていますか？　好きな人に、好きと言っていますか？　思っているなら、ちゃんと言葉に出してください。出し惜しみせずに。

Great
Inspirational
Words

03

ときめくことは大切。
自分が素敵になれば、
それに見合った出会いも
訪れるものです

――樹木希林

To flourish in love is important. If you become beautiful inside and out, the one for you will come to you.

樹木希林（きき・きりん）

女優。映画『東京タワー オカンとボクと、時々、オトン』、映画『わが母の記』の2作で日本アカデミー賞最優秀主演女優賞、映画『歩いても 歩いても』で、ブルーリボン賞助演女優賞など、数多くの映画賞を受賞。伴侶はミュージシャンの内田裕也氏。1943年～2018年。

「理想の人に出会いたい！」と思っている女性は多いことでしょう。その理想を書き出したら、年収が1000万円以上で、背が高くて、かっこよくて、優しくて、自分だけを愛してくれて……というような高い理想を、あなたも持っていますか？

理想の人に出会う方法が一つあります。それは、視点を変えてちょっと想像してみることから始めてください。あなたの理想の男性とやらは、どんな女性を選ぶと思いますか？

もし自分がその男性だったら、どんな女性を選ぶのかを想像してみるのです。そして、果たして自分はそのような女性になっているのかどうか、考えてみてください。素敵な人には素敵な人が引き寄せられます。「類友の法則」はいつの時代も同じです。街行くカップルをちょっとだけ観察してみてください。本当に釣り合っていてお似合いです。素敵な男性の隣には、素敵な女性がいることが多いですね。

誰かに恋をしてときめいている人は輝いています。輝きには、また輝いている人が引き寄せられるものです。

Great
Inspirational
Words

04

お金がなくても生きていけるけど、愛なしでは生きていけない

――ジュディー・ガーランド

I can live without money, but I cannot live without love.

ジュディー・ガーランド（Judy Garland/Frances Ethel Gumm）

アメリカの女優、歌手。子役として出演したミュージカル映画『オズの魔法使』で大人気を博し、続いてミュージカル映画『スタア誕生』などで抜群の歌唱力で1940～50年代のハリウッドを代表する大スターの一人となった。1922年～1969年。

「好きでもない年収1億円の男性と、大好きな年収200万円の男性どちらを選ぶか?」

ということを話題にした本がありました。さて、あなたはどちらを選びますか?

価値観はそれぞれですが、私はこのジュディー・ガーランドの言葉に心から賛同します。

時代はどんどん変わっていき、価値が高いとされていたものが、ある日突然、無価値になるような時代です。多額のお金もいつ紙切れになるかわからないのです。

しかし、**愛は外的要因に左右されず、真の幸福をもたらします。**もちろん、お金はあるに越したことはありませんが、私は実際に年収200万円の男性と結婚しました。それでも幸せでした。それは、お金が云々の前に、目の前のその男性を心から愛していたので、お金以外の幸せで、心が満たされました。

今、お金がある生活をしてわかったことは、**お金はある程度の幸せを生み出すことはできますが、誰かのために使えるからこそ幸せである、**ということ。ですから、年収1億円だろうが、10億円だろうが、幸せとはあまり関係がありません。**愛はお金よりも大切**なのです。

Great
Inspirational
Words

05

愛とは信頼。
人を愛するときは
完全に信じることよ

――マリリン・モンロー

Love is trust.
Believe completely when you love someone.

マリリン・モンロー（Marilyn Monroe/Norma Jeane Baker）

アメリカの女優、モデル。1950年代のセックスシンボル、時代の象徴と、今も言われ続けている。映画『ナイアガラ』の腰を振って歩く「モンロー・ウォーク」が大ブームとなる。1926年〜1962年。

誰かに恋をしたときは夢中で、その人が世界でたった一人の運命の人のように感じるかもしれません。しかし、愛が依存的であると、相手に対して独占欲が芽生え、自分と同じくらい愛してほしい、相手のすべてを知りたい、というような、どこか少し歪んだ愛着になることがあります。そして相手が自分と同じくらいの愛情を持ってくれないとき、少しずつ、少しずつ、信頼が崩れていくのです。そして疑いが生じると、その疑いを晴らそうと、相手に不快なことをしてしまう可能性があります。

真の愛があれば、その人のことを心から信じることができます。聖書のなかに「愛の定義」がありますが、「愛は……すべてを信じる」とも説明しています。すべてを信じる、ということは、疑わない、ということ。（『新約聖書』コリントの信徒への手紙一 13章4～7節）

この人を愛する、と決めたときには、すべてを信じ、信頼すると決意することです。もし、相手が信頼を欠いた行動をして、それを問い詰めたいと思ったときには、もうその愛を手放す、ということすら覚悟して、向き合う必要があります。

Great
Inspirational
Words

06

愛せよ。
人生においてよいものは
それのみである

――ジョルジュ・サンド

There is only one happiness in life, to love and be loved.

ジョルジュ・サンド（George Sand/Amantine-Lucile-Aurore Dupin）

フランスの作家。初期のフェミニストとしても知られる。男装して社交界に出入りして話題となった。1840年代には政治志向を強め、民主主義・社会主義の思想を抱いて女性権利拡張運動を主導するとともに文学作品を書き続けた。1804年〜1876年。

すべてのもののなかで、一番際立っているのは「愛」です。自然の法則は愛で成り立っています。そして、地球にある創造物（自然も人間も動物もすべて）は、愛が基盤となっており、私たちはその愛の恩恵を受けています。私たちの目を楽しませてくれる美しい夕日も、ペットたちの一途でひたむきな姿も、幾多にも重なり合う花びらの芸術的なバラの美しさも、逆に誰からも注目されずとも、アスファルトを突き抜けて太陽に伸びていこうとする、雑草の計り知れない強さも……背後には愛が見られます。

心地よく生きる秘訣は、そのなかにあって、自然の中にある愛の特質に同調して生きることなのです。つまり、愛に生きることです。利己的に生きたときに、愛に生きる人々とは一線を画し、自分の周りにはそうした愛の人たちがいなくなります。

人生のなかでは重要とされているものはたくさんありますが、たった一つに要約するとしたら、それは「愛」です。**愛に生きたときに、すべてのものを手にする**ことでしょう。他の人からの愛も、自然の寵愛《ちょうあい》を受けたときの幸福感と、そして成功も手にします。なぜなら**愛に生きる人は吸引力があり、人が集まる**からです。

Great Inspirational Words

07

人生で後悔していることは
「愛している」って
いつも十分には言わなかったこと

――オノ・ヨーコ

The regret of my life is that I have not said "I love you" often enough.

オノ・ヨーコ（おの・よーこ）

アメリカの前衛芸術家、音楽家、平和運動活動家。世界的なミュージシャン「ビートルズ」ジョン・レノンの人生のパートナー。ジョン・レノンとともに平和活動、音楽、創作活動を行ったことでも知られている。平和運動、女性解放など幅広い活動を展開している。1933年、東京生まれ。

私は、昭和生まれで、家族に愛情表現をするという習慣がなく育ちました。恋人や夫には「愛している」とは言えても、親に「愛している」と言うのは、恥ずかしくて、手を握ったり、ハグしたりなどもまったくない環境で過ごしました。母を亡くしてから思うのは、「お母さん、大好き」「お母さん、愛している」と、言ったことがあったかな……と、振り返っても思い出せないまま、後悔の気持ちが自分を襲うのです。

馴れ合いの状態になってしまうと、世の中で一番愛している人に「愛している」と十分に言わなくなる。それは「言わなくてもわかっているだろう」なんて、浅はかな思い込み。「愛」がテーマの歌詞は世の中に山ほどありますが、そんなラブソングよりも100倍パワフルなのが、**直接相手に「愛している」と言葉で伝えること**です。

家族に、夫に、妻に、子どもに、そして恋人に、友人に、**出し惜しみせず、伝えるべき言葉。**目の前に大切な人がいなくなってからでは、遅いのです。**あなたは今日、誰にその言葉を伝えますか？**

Great
Inspirational
Words

08

一人になれたとき、
自分を取り戻せるの

——マリリン・モンロー

I restore myself when I'm alone.

一人になること、孤独になることが寂しい、という女性がいます。しかし、**「ひとり時間」というのは、非常に大切**で、自分と向き合い、そして真の自分を取り戻すための貴重な時間になります。**上質な「ひとり時間」を過ごすことは、豊かな生活を送るカギ**になります。それは、一人でいるときこそ、様々な物事、思考や感情、悩みなどを整理整頓できるからです。

心が弱っているときも、忙し過ぎて心に余裕がないときも、ずっと人と一緒にいることで何だか疲れたときも、あえて！「ひとりの時間」というものを買い取ることをお勧めいたします。

では、自分と向き合うといっても、一人になったときに具体的に何をしたらいいでしょうか？　自分が心から楽しいことをするのもよし！（それによって本来の自分の姿に戻れる）、今、抱えている問題に向き合い、ノートに書き出しながら、自分の真の気持ちを確かめたり、問題解決に当たるのもよし！　たとえば、「なぜ？」「どうして？」「どうやって？」などの内側から答えが出るような質問を自分に投げかけることにより、自分のコアな部分を掘り起こしたり……これは一人でなければできないものです。**「ひとり時間」を大切に。**

Great
Inspirational
Words

09

別れの激しい苦痛によってのみ、
愛の深みを見ることができるのだ

――ジョージ・エリオット

Only in the agony of parting do we look into the depths of love.

ジョージ・エリオット（George Eliot/Mary Ann Evans）
イギリスの作家。ヴィクトリア朝を代表する作家の一人で、心理的洞察と写実性に優れた小説作品を発表した。代表作は『アダム・ビード』『サイラス・マーナー』『ミドルマーチ』など。1819年〜1880年。

失恋、離婚、死別、その他の別れ……どれも本当につらいものです。その苦しみは、自分の命を絶つ人もいるくらいですから。まるで、自分の体の一部が切り取られたような感覚になることでしょう。その痛みの大きさや強さは、愛の深さであると彼女は語っています。

ジョージ・エリオットは、妻子ある男性と20年間関係がありました。彼が亡くなるまでその関係は続きました。その間、作家としての人生を歩み、多くの名著を残します。彼が亡くなってから2年後に20歳年下の男性と結婚しましたが、7ヶ月後、彼女は亡くなりました。まだ61歳の若さで、です。まるで愛し続けた男性を追うかのように。

いずれにしても、どんな別れでも痛みが伴いつらいものです。しかし、その別れにより、自分がその人をどれだけ愛していたのか？　どれだけ大切にしていた存在だったか？　それを知ることができます。そして、別れたその相手から学んだことはたくさんあり、それが人としての成長につながります。**つらければつらいほど、それが愛の深さの証拠**なのですね。

Great
Inspirational
Words

10

どんな恋愛でも
つらさと自分の醜さと
向き合うことになるものです

――ワタナベ薫

Through all kinds of love you will be able to face your troubles and faults.

恋愛をすると、たとえそれが相思相愛であっても、なぜかどこかにつらさが伴うことがあります。それには二つの理由が考えられます。

一つは、お互いまったく違った環境で成長してきたゆえに、生活習慣や、価値観などのズレ、というのが生じるからです。付き合い始めたときに、赤の他人だった人と真っ向から向き合うことになるのです。当然、痛みもあれば、思っていたのとは違っていたりすることなどがあります。しかし、その期間はこれからずっとともに歩む前のチューニングのような期間です。多少痛みやつらさがあっても当然のこと。きっと愛があれば、それらは些細なことになるのです。

もう一つの理由は、恋愛期間中は、一緒に住んでいない限り、「じゃ、またね！」という小さな別れを毎回経験しているようなもの。そして離れていることですれ違いが生じ、つい思ってもいないことを、言ってしまい、自分の至らなさや醜《みにく》さも見えてきてつらくなるのかもしれません。しかし、それも含めて**愛する人がいる、というのはお互いの成長の機会**です。世界人口77億人のうちで出会った二人なのですから。

Great
Inspirational
Words
11

自分を愛していなければ
他の人があなたを
愛してくれるはずなどありません

――ワタナベ薫

If you don't love yourself, another person is not going to love you.

聖書には「隣人を自分のように愛しなさい」という言葉があります。この言葉は、他の人を愛するように勧めている言葉なのですが、もう一つの意味合いを拾うことができます。「自分のように愛する」、つまり、**自分をちゃんと愛していなければ、他の人も愛せない、**ということなのです。（『新約聖書』マタイによる福音書22章39節）

自分を愛するとはどういうことでしょうか？　想像してみてください。あなたの一番愛する人、大切な人を……その人を愛するように自分を愛するのです。

もし、あなたの愛する人が、失敗して落ち込んでいるときに、「本当、ダメな人ね。失敗ばかりして！」と言うでしょうか？　愛する人が、具合が悪いのに、無理して会社へ行こうとしたときに、「がんばれ！」と無理をさせるでしょうか？　きっと休むよう促したり、労《いた》わるはずです。つまり、その扱いと同じように自分自身も大切にするのです。**労わり、褒め、承認する**のです。

あなたがそのように、自分を扱えるようになると、他の人にもそうした優しさを発揮できます。自分に厳しい人は、結局他人にも厳しい傾向があります。もし**自分を真の意味で愛せたとき、あなたは誰かから愛される人になります。**

Great Inspirational Words

12

つらいときこそ、
誰かのために生きてみる。
そんなときは、
自分のために生きるよりも
力が出るから

――ワタナベ薫

It's when you're having difficult times that you should try to live for someone else.
During those times you will have more power than if you were to live for yourself.

つらいとき、というのは、どうしてもそのつらさに意識が向きがちです。そこに意識を向ける、ということはそこにエネルギーを注ぐことを意味しますから、ますます、そのつらさは増大していきます。

基本、自分の人生は自分のものですから、自分のために生きることは大切です。しかし、本当に力がみなぎり溢れるときというのは、愛する誰かのために何かをしよう！　というときなのです。家族であれ、恋人であれ、友人たちであれ、自分のために何かをするときよりも力が出ることがあります。それは、脳には利他的な回路、というものがあり、他人のために何かをすることに喜びを感じるものだからだそうです。

あなたの愛する人や友人、知り合いなどで困っている人がいたら、率先してお手伝いしたり、相談に乗ったりしてみることは、双方にとって大きな益があります。そうこうしているうちに、あなたの意識はその人を助けたい、というところに意識が向き、いつの間にか、つらさから意識が外れ、かつ、力が湧《わ》いてくる感覚を経験することができるでしょう。

Chapter 2

Belief

信念

Great Inspirational Words

13

一人でいても二人でいても、
十人でいたって寂しいものは寂しい。
そういうもんだと思っている

――樹木希林

Even if you're alone, you're with someone else or whether you're with nine other people... if you are sad, you are sad. That's the way it is.

これは樹木希林さんが、ある俳優さんとの対談で、「大きい家に一人でいて寂しくないですか」と質問されたときに言った言葉だそうです。

実は、一人で味わう寂しさよりも、二人でいるのになぜか寂しいほうが寂しさの感覚は強いものです。今私は一人で生活していますが、なぜか二人で生活していたときよりも、寂しいという感覚がなく、孤独という喜びを、より一層感じることができています。それはなぜか？　家族と話す時間がなくなったぶん、**自分と向き合い、自分と対話し、そして自分を愛することができる**ようになったからなのです。

これからの女性たちに必要なのは、「一人でいても寂しくない！」ではなく、**「一人でいても二人でいても楽しい！」という感覚**です。寂しい人は結局、何人でいても寂しいのです。自分を満たし、そのうえで人を愛すること。誰かに幸せにしてもらおうとか、誰かに愛してもらおうとするよりも、**今の状態で、自分を愛し、誰かを愛し、そして、自立した状態でいることこそが、人生を謳歌する秘訣**なのです。

Great Inspirational Words

14

七転び八起き以上の〝九転び十起き〟

――広岡浅子

No matter how many times you fall, always be willing to get up... but you should be willing to do even more.

広岡浅子（ひろおか・あさこ）

実業家。女性の教育にも情熱を注ぎ、日本女子大学の創立に尽力。また政治家・市川房枝や『赤毛のアン』の訳者・村岡花子、ジャーナリスト・小橋三四子など、多くの女性リーダーを育てた。2015年度下半期放送のNHK連続テレビ小説『あさが来た』のヒロインのモデル。1849年～1919年。

ＮＨＫ連続テレビ小説『あさが来た』のヒロインのモデルとなった女性、広岡浅子。近代日本における女性実業家の先駆けです。もともと勉強家の浅子は、独学で経営について学んだそうです。現在の大同生命の創業にも深く関わるなど、その手腕を遺憾なく発揮しました。

歴史に名を残す人というのは、人より一歩抜きん出ていますが、この言葉からも、その理由がよくわかります。**七転び八起きよりも、さらに二回多い「九転び十起き」**。これは彼女の座右の銘と言われています。つくづく精力的な彼女の内面を見た気がしました。

女性は男性に守ってもらう立場であるという人もいますが、実は、男性を守るほどの強さと、粘り強さと、真の軸、というものを持っているものです。男性が外の世界に戦いに行けるのは、女性の支えがあるからです。

生きていると、苦しいことはたくさんあります。転んでもう起きたくないような出来事があなたの人生にもたくさんあったことでしょう。しかし、あなたは再びこうして立ち上がり、前を向き歩んでいます。そうです。**女性はもともと強いのです。**だるまのように何度でも起き上がるのです。

Great
Inspirational
Words

15

誰もがそれぞれ
つらい問題を抱えているわ。
胸をしめつけられるような
問題を抱えながら、
それを周囲に知られないようにしている
人たちだっているのよ

——マリリン・モンロー

Everybody has problems. Some of us have severe problems but we don't let the people around us know.

数年前に、30年ぶりに同級生数人と会いました。懐かしい思い出話の後、当時抱えていた問題や悩みを打ち明けました。親の暴力、借金問題、家庭内のいざこざ……。小学生といったら、何もかもが楽しくて、悩みも何もなく、能天気に生きていたと思いきや、そうではなかったのです。家に帰り、子ども心につらい気持ちを抱えながら、学校でそれを発散するかのように、楽しく過ごしていたのです。「学校だけが癒しの場所だった」と言われたときに、胸が張り裂けそうな気持ちになりました。

子どもでさえ、そのようにつらいことを抱えて、誰にも言わず、笑顔で過ごしているのです。私たち大人も同じでしょう。あなたも経験があるかもしれません。つらくて苦しくて、力を抜くと涙が流れてしまうほどつらい経験が。しかしそれでも、次の日は笑顔でいることがあったかもしれません。

そんな経験をすると、周りにいる気の強いあの人も、いつも笑顔のあの人も、何か問題がありながら、周りに気を遣わせないように過ごしているかもしれません。そう思うと、少し心が軽くなり、そして優しくなれますね。

Great Inspirational Words

16

私は人と同じやり方はしません。
マニュアル通りにはやりません。
頭ではなく心の声に従います。
もしそのせいで困難にあうとしても
覚悟はできています

――ダイアナ元妃

Because I do things differently, because I don't go by a rule book, because I lead from the heart, not the head, and albeit that's got me into trouble in my work, I understand that.

ダイアナ元妃（Diana, Princess of Wales/Diana Frances Spencer）

イギリスの第1位王位継承権者ウェールズ公チャールズの最初の妃。王子2児をもうけたが、のちに離婚。国際的慈善活動に積極的に取り組んだ。特にエイズ問題、ハンセン病問題、地雷除去問題への取り組みに熱心だった。交通事故で不慮の死をとげた。1961年～1997年。

今の時代、人と同じことをやっていれば、出遅れてしまうか、二番煎《せん》じ、三番煎じになってしまうことでしょう。しかし、多くの人が「右の道を行く！」と言ったときに、あなたの直感が「左だ！」と言っているのであれば、それに従ってみてください。**直感は、理由を言語化できないほど**、「なんとなく……」ただそれだけなのです。しかし、多くの成功者と言われている人々は、周りに合わせず、自分のその**直感の声に従った**のです。

人と同じやり方では、人と同じ結果になります。歴史に名を残した偉人たちは、人と違うことをして結果を残し、そしてその言葉に説得力と、強い意味を持たせました。あなたの直感に従い、どんな結果になろうとも、「覚悟」をしてください。「決意」してください。「腹をくくって」ください。

それだけで、**ブレることなく**、**強くしなやかに**、そして**自分の決定に関して**、**前向きに取り組める**ことでしょう。結果が思わしくなくても、がっかりする必要はありません。当面は失敗に思えても、直感で選んだ場合は、もっと先に「その決定でよかった」ということを知ることになるからです。

Great Inspirational Words

17

人々が最も嫌うのは優柔不断なこと

――アナ・ウィンター

What people hate the most is indecision.

アナ・ウィンター（Anna Wintour）

イギリスのエディター。1988年からファッション雑誌『VOGUE（ヴォーグ）』アメリカ版の編集長。世界で最も影響力が強いファッション誌のトップ。世界中でヒットした映画『プラダを着た悪魔』に登場する雑誌編集長のモデルになった女性。1949年生まれ。

彼女は優柔不断を嫌っているのが窺《うかが》えます。38歳からファッション誌『VOGUE（ヴォーグ）』アメリカ版の編集長になり、決断を毎日強いられている環境で人生を送っている彼女ならではの言葉であると容易に想像できます。その決断の早さで世界の『VOGUE』は名誉あるトップファッション誌の位置を確立しているのでしょう。彼女は華やかな世界にいて、賞賛を受けてはいますが、周りからの評価は、「冷酷」とまで言われている女性。しかし、**自分の世界を生きている潔《いさぎよ》い女性**の一人です。

私たちも日々、小さな決断から、大きな決断を下さなければならない場面に直面しています。決断の立場や場所こそ違えども、私たちも優柔不断ではいられません。

なぜ人は優柔不断になるのでしょうか？　それには二つの理由が考えられます。一つは、ただの悩み癖。すぐに決断する習慣を持たずに、とりあえず悩んでみる、という思考の癖があるのです。もう一つは直感に従わないからです。日々の生活のなかで、**直感を使うトレーニング**をし、**すぐに決断する**ようにしてみましょう。だらだら悩んでいても、いい答えは出ませんし、それは時間の無駄。**優柔不断から脱却して、決断できる潔さが人生には必要**なのです。

Great
Inspirational
Words

18

人間はあした地球が
滅ぶとわかっていても、
きょうリンゴの木を植えなきゃ
ならないものなのよ。
そういうふうに考えて
生きていきましょうよ

―― 樹木希林

Even though everything will come to an end one day, we must still plant seeds and live as if there is a tomorrow.

どんなに大きな問題を抱えようが、どんなに大きな試練や逆境に直面しようが、それでも、**私たちは、今を生きなければなりません。**樹木希林さんがこの言葉を語った背景をちょっと考えますと、よくわかると思います。ガンの余命宣告を受けても、最後まで精力的に生きていました。

もし、あなたが医師から、余命宣告されてあと命は3ヶ月しかもちません、と言われたら……。最後の一日しかない、という日になったら、その最後の一日を寝て過ごしますか？　それとも、もしかしたら、あと1ヶ月か、2ヶ月命はあるかもしれないと思い、もっと先のことを考えて生きますか？

風や天気を見守ってばかりいて、種を蒔かない農民はいません。慎重になりすぎると、いつまで経っても種は蒔けないからです。私たちは、明日さえどうなるかわからないのですから、**未来に向けて、どんどん計画し、行動する人**でありたいものです。

明日の命がどうなるかわからないからこそ、**今を精一杯生きつつも、未来にも備えて生きるのです。**

Great
Inspirational
Words

19

大海の一滴一滴に意味があるのです

――オノ・ヨーコ

Every drop in the sea counts.

何事も、小さな一つをないがしろにできません。1億円は、たった1円が足りなくても1億円になりませんし、人生を大きく変えた人々もまた、小さな習慣一つが変えるきっかけとなることも多いからです。

大海の一滴一滴に意味があるように、日本の人口は約1億2600万人（2020年8月・総務省統計局人口推計）ほどいますが、日本を良き方向に変えていくのもまた、一人ひとりの存在であり、各々が持つ意識が重要なのです。

あなたというたった一人の存在にも重要な存在意義があります。そして**あなたの存在には何らかの意味があります。その理由を知っているのは、あなたです。あなたの生きる使命や役割、天命を知ったときに、あなた自身の存在の意味を知るのです。**

ではどうやって知ることができるのでしょうか？ それはあなたの感情を見ないふりをしないこと。あなたが日々感じている喜怒哀楽のなかには、あなたの役割が何であるかが潜んでいます。何に怒っていますか？ 何が楽しいですか？ 何に愛着がありますか？ 心地よいことを選択すればそれがわかります。

Great
Inspirational
Words
20

今からだって、
なりたかった自分になれるわ

――ジョージ・エリオット

It is never too late to become what you might have been.

夢は若い人だけが持つものではありません。何歳からでも、やりたいこと、夢、目標、時には野望、野心もOKです。なぜなら、それらを追い求めることで、エネルギー値が上がり、若返りにだってつながるのですから。

年を取ると、往々にして「もう、若くはないのだから」と自分に言い聞かせ、何かにチャレンジすることをやめてしまいがちですが、むしろ、年齢を重ねてからのほうが成功しやすいのです。なぜでしょうか？　それは、経験値が上がっているぶん、状況や人を見極める判断力がついていますし、リスクを回避できる知恵がついているからです。あなたの人生経験が、豊かなぶん、これからのなりたい自分の理想像が加われば、**もっとあなたの人生は輝いていく**のです。

40代でも、50代でも、60代でも、たとえ70代以上でも、その年齢から何かにチャレンジして成功を摑んでいる人々はたくさんいるのです。もし、足りないものがあるとしたら、若いときに持っている「無謀さ」です。それなら**残りの人生、少しくらい無謀になってもいいのではないでしょうか？**

Great Inspirational Words

21

生命よりも大切なことがある。
それは徳を貫くことである

――鳥濱トメ

There are things more important than living, such as being true to your values.

鳥濱トメ（とりはま・とめ）

食堂経営者。多くの特攻隊員の面倒を見たことから「特攻の母」と呼ばれた。特攻隊員が憲兵の検閲を避けるために手紙を代理で投函したほか、個々の隊員の出撃の様子を自ら綴った手紙を全国の家族のもとへと送り続けた。1902年～1992年。

この言葉は、特攻の街、知覧にて「富屋食堂」を営んだ鳥濱トメさんの言葉。その後、そこは陸軍指定となり、多くの特攻隊員の面倒を見たことで、彼女は「特攻の母」と呼ばれるようになりました。翔び立つ彼らに愛を注いだ人の言葉です。

彼女のなかでの正義を貫くことは、命よりも大切であることを生き方で表しました。当時、軍の検閲などがあるなかで、トメさんは禁止されている特攻隊の家族への手紙を隠れて送り続けました。これは命を懸けた行動でもあります。危険があったなかでも、何百人もの特攻隊を見送りながらそれを続け、お国のためにこれから命を捧げる若者たちを、母親のように世話し、愛を注ぎ続けることが、彼女の貫こうとする「徳」だったのかもしれません。

人は、何かを守ろうとしたり、貫こうとする信念というものがあると、迷ったり、戸惑ったり、人生のブレを感じることがありません。そしてその人々から感じる強さは、他の人へ良い感化を及ぼします。**あなたが人生のなかで心から大切にしていることは何ですか？　それを貫き通すことは美徳です。**

Great
Inspirational
Words

22

気にくわないことは変えればいい。
変えられないときは、
向き合う姿勢を変えるのよ

――マヤ・アンジェロウ

If you don't like something, change it. If you can't change it, change your attitude.

マヤ・アンジェロウ（Maya Angelou/Marguerite Annie Johnson）

アメリカの活動家、詩人、歌手、女優、公民権運動家。キング牧師とともに公民権運動に参加。大統領自由勲章を受章。代表作は自伝の『歌え、翔べない鳥たちよ』。1928年～2014年。

多くの人は環境のなかで、気に入らないこと、嫌なことがあっても、我慢したり妥協して、自分の本当の気持ちや、やりたいことを抑えています。たとえば、好きでもない人との付き合い、行きたくないと思っている職場に身体を壊してまでも勤め続ける……。そんなふうに、環境に我慢しているケースが多々見られます。

しかし、**物事はとてもシンプル**です。それがこの格言にあるように、**「気にくわないことは変えればいい」**のです。どうしても頭（思考）が固くなると、「変えられない」というフィルターをかけて物事を見がちです。そういう思い込みで見た世界は、当然ながら、思った通りの「気にくわない」「変えられない」世界になるのです。

しかし、多くの場合、変えられるのです。そのときに役立つ質問が〝**How**〟**「どのようにしたらいいか？」**です。その視点で物事を見たときに、問題解決の糸口が必ず見つかります。見つからないときは〝**向き合う姿勢を変える**〟。つまりそれは、問題ではなく、自分の成長にとって必要なことだから、そこを乗り越えてステージを上げるチャンスと取れば、新しい世界が創造されていくのです。どちらにしても良い結果でしかないのです。

Great Inspirational Words

23

苦しいことについては、
私は何も考えない。
だって、美しいことが
まだ残ってるんだから

――アンネ・フランク

I don't think then of all the misery, but of the beauty that still remains.

アンネ・フランク（Anne Frank/Annelies Marie Frank）

第二次世界大戦下、ナチスに迫害され、亡命先の隠れ家でのことを綴った『アンネの日記』の著者として知られるユダヤ系ドイツ人の少女。1929年～1945年。

アンネは、ナチスの政権掌握後、その迫害から逃れるために、オランダのアムステルダムに亡命。しかしその後、オランダもドイツに占領されてしまい、一家は隠れ家で過ごす、という苦しい状況での生活でした。この言葉は、『アンネの日記』のなかの一文です。アンネの言葉はどの言葉も前向きで、弱ったときに読む者を力づけてくれるものでした。

私たちは、どこに意識を向けるのか？ それにより、過ごす場所は天国にもなり地獄にもなるのです。苦しいことがあっても、どこを見つめて過ごしていくのか？　ということ。もし、苦しいことだけに意識を向けていたら、楽しいことやまだ心を癒してくれる何かの存在があっても、それらはまったく目にも耳にも入らなくなるのです。苦しいことには意識を向けず、まだ心を喜ばすものが残っているのなら、それらに意識を向けてみましょう。すると不思議なことに、そんななかでも幸せをとことん感じることができるものです。

試練や逆境に関しては、多少鈍感なほうがいいですね。意識の使い方で、私たちは幸せにもなり、不幸のどん底にも落ちてしまうのですから。

Great
Inspirational
Words

24

私は何でもおもしろがれるの

――樹木希林

I can find enjoyment in everything.

時々、怒り心頭に発することや大きな問題に直面することがあります。そんなとき、それらをおもしろがることができたら、最強になれることでしょう。

実際、つらい出来事が目の前に現れると、「なぜ私が？」と悲観したくなるかもしれません。もうそんなときは、「まな板の鯉」状態になる。煮て食うなり、焼いて食うなり好きにして！　と開き直ったときに、その試練さえも、ちょっとおもしろがれるのかもしれません。いい意味であきらめたとき、私たちはその対象に対しての執着をやめます。執着しているときが一番つらいものです。

別れたくない、手放したくない、失いたくない。それは人間関係でも、お金でも、物質でも、そして自分と他の人の命でも同じです。天にすべてを任せられたときに、その環境でその試練を「乗り越える自分」というものを楽しめるのかもしれません。

試練にあったときに、ある方から教えていただいた言葉があります。声に出して言ってみると、フッと心が軽くなれます。**問題が起きたり、試練に遭遇したとき、「そうきたか……」と言ってみる。問題をゲームの攻略のようにおもしろがるのです。**

Great
Inspirational
Words

25

他人はあなたを
傷つけることはできません。
傷つけることができるのは
他でもない自分自身だけです

――ワタナベ薫

Other people can't hurt you, only you can hurt yourself.

確かに世の中には、人をわざわざ傷つけようとして、ひどいことを言ったり、やったりする変な人がいます。もし誰かに「傷つけられた」と気落ちしたり、そこから抜け出せなくなるほど苦しんだりすると、今度はその傷ついた気持ちを相手のせいにしたくなるかもしれませんが、正確に言えば**「傷つけられた」のではなくて「自分で傷つくことを選んだ」のです。**「傷つけられた」と「傷ついた」の違いは何でしょうか？

「傷つけられた」は、他人に責任を押し付けようとする他責的な考え方です。「傷ついた」は、何事も自己責任であることを認識している自分が味わっている感情であると、理解していることとです。何か悪いことが起きたときに、人のせいにする人、政治や社会のせいにする人、親のせいにする人、会社のせいにする人、そのような人は人生息苦しいでしょう。

「傷つけられた」と思っていると、ずっとそこから抜け出すことができなくなります。あなたの感情は、他人のものではありません、自分のものです。他の人の言動に一喜一憂しないこと。嫌な人はスルーしましょう。

Great
Inspirational
Words

26

やるだけやってみたら？
ダメならやめたらいいし

――ワタナベ薫

Just try and see!
If it doesn't work out then you can quit.

真面目な日本人の気質、「途中で投げ出してはダメ」、というもの。ですので、何かを始めるときも、情報収集をたくさんして、ものすごく慎重に検討すべきとの思い込み。これは、よく皆さんもご存じの通り、「石橋を叩きすぎて、渡る前に叩き割ってしまって前に進めない」というパターンです。

何かを成し遂げている人々は、思ったらすぐに行動に移す傾向にあります。そして成功者は損切りもうまい。損切りとは投資用語ですが、人生に当てはめると、やってみたけれど、うまくいかなかったら撤退。お金がかかってしまいそれが無駄になるけれど、やり続けるほうがもっと無駄だから。時間も、お金も……。

何かにチャレンジしない人生は、後悔します。しかし、やってみて失敗してもそれはマイナスになりません。行動する前に、途中で投げ出すのはよくないこと、と強く思っていると、いつまで経ってもチャレンジできないのです。**やってダメなら損切りでOK！** しかし、後々長い目で見たときに、それは「損」にはなりません。**経験という宝**になり、**チャレンジした、という自信**にもつながるからです。ダメならさっさとやめていいのです。

Great
Inspirational
Words

27

学ぶことをやめた瞬間、
自分の成長が止まります。
そのとき、何も変わらない
未来が確定するのです

――ワタナベ薫

The moment you stop learning is when you stop growing.
At that time nothing will change and your life will be decided.

若い頃、勉強が大嫌いでほとんどしませんでした。しかし、大人になってからは、好きなこと、興味のあることを学ぶのが大好きで、今でも様々な分野について学び続けています。

学びは若い人々のもの、と思っていましたが、人生の後半戦である40歳過ぎからが本当の勉強だと実感しています。と言うのは、学びは机の上だけでするものではなく、ありとあらゆることが教材になることがわかり、周りの人々全員が、「師」のようにさえ感じられるようになります。小さな子どもから年配の方まで……**「我《われ》以《い》外《がい》皆《みな》師《し》也《なり》」**なのです。

学ぶ意欲というものがあると、何もかもが教材になります。それは腹が立つような人に出会っても、小さな子どもの愛らしい仕草ひとつとっても、学ぼうとしている人にとっては、大きな気付きや教訓を得られるものです。

もう、自分は学ぶだけ学んだと思ったら、もうそれ以上何も変わりませんし、自分の成長もそこで終わりです。それだけでなく、今と変わらない未来も確定するのです。**「人生死ぬまで勉強」という言葉、これは真実なのです。**

Great
Inspirational
Words

28

どんな感情も、
自分で選んでいるのです

——ワタナベ薫

No matter what the emotion, you are making the choice to feel that way yourself.

意地悪なことを言うママ友、厳しく理不尽な命令をする上司、イライラさせる同僚、思いやりのない夫……。そうした人々の言動により、あなたは怒ったり、悲しくなったりして、他人が自分に嫌な思いをさせている、と感じることはありますか？　しかし、驚かれるかもしれませんが、**あなたの嫌な感情は自分で選んでいる**のです。

アメリカの精神科医ウィリアム・グラッサー博士が提唱した「選択理論心理学」における基本の教えは、「人は外部からの刺激に対して自らの反応を選択することができる」というものです。往々にして人は自分の感情を外部の刺激（人や物事）のせいにしがちです。そう考えると、外部の刺激があっても、どんな反応をするかは、自分で選べる、ということです。

強い負の感情が起きそうになったら、イメージで目の前にクッションを置いてみてください。怒る前に、「さて怒ろうか？　それともスルーしようか？」と考えるのです。そうするだけで、一旦冷静になり、強い怒りは抑えられるからです。

Great
Inspirational
Words

29

素でいよう。
嫌われる人には
最初から嫌われたほうがラク

――ワタナベ薫

Be who you are.
If you're going to be hated, it's better to be hated by someone from the beginning.

初対面の人とは「第一印象」が肝！　とお聞きになったことがあるかもしれません。確かに、第一印象は、心理学用語で、初頭効果と言われ、その最初の印象はずっと続くものです。ですから、第一印象は、できるだけ相手に良い印象を持ってもらうために、自分を押し殺したり、演技をしたり、いい人ぶったりなどする人もいるかもしれません。

しかし、そこで気に入られても、それがあなたの本当の姿でないのであれば、いつかは、違う自分を見せることになり、もし、それが相手の好みでなければ、気が合わなくなり、後から問題が起きたり、別れがあるかもしれません。それでは時間の無駄です。

あなたにはあなたの良さというものがあります。あなた自身の素を愛してくれないのであれば、その人はあなたの人生に必要な人でしょうか？　あなたが**恐れることなく、最初から自分の素を出して**いたら、「類友の法則」（似たものが集まる）により、あなたと似た人々、好みの人たちがあなたの周りに集まり、心地よい人間関係が構築できます。**嫌われることを恐れてはなりません。**

Chapter

3

Success

成功

Great Inspirational Words

30

みんな、
私の着ているものを見て笑ったわ。
でもそれが私の成功の鍵。
みんなと同じ格好を
しなかったからよ

――ココ・シャネル

Everyone laughed at what I wore. But that was the key to my success. I didn't look like everyone else.

ココ・シャネル（Coco Chanel/Gabrielle Bonheur Chanel）

フランスのファッションデザイナー、企業家。戦間期、女性の社会進出と適合し、日常生活における利便性とファッション性を両立したスーツ、リトル・ブラック・ドレスの概念の普及など、彼女がファッションに残した遺産は現代のファッションにも多大な影響を与えた。1883年～1971年。

歴史に名を残すような人々は、やはり人と違っています。変わり者なのです。しかし、多くの日本人は、人と変わっていることを恐れています。自分はそうは思っていなくても、周りの意見に迎合したり、みんながいい！　と思うことを無意識に選ぶようにしています。しかし、覚えていてほしいのは、人に影響を与える人、世に何かを残す人々は、人と変わったことをしている、または変わった考えを持っている少数派なのです。

もしあなたが、周りの人々と意見が違うことがあっても、それを発信することをやめてはいけません。変わっていると言われようが、変人と言われようが、それが世の中や人々を変える力となる可能性があります。

ココ・シャネルは当時の流行と真逆のファッションをして、注目されるようになりました。たった一人で違う格好をして、社交の場に胸を張って出ていったのです。それが後々に世界のブランドを確立したのです。彼女は「かけがえのない人間になるためには、常に他人と違っていなければならない」と思っていました。

人と違う、ということはある意味目立ちます。そして、批判もされるかもしれませんが、それを貫き通したときに、あなたは高く評価されるのです。

Great
Inspirational
Words

31

行く価値のある場所に、近道などありません

――ビヴァリー・シルズ

There are no shortcuts to any place worth going.

ビヴァリー・シルズ（Beverly Sills）

世界的に著名なアメリカのオペラ歌手。1960〜1970年代にかけて、コロラトゥーラ・ソプラノとして活躍。現役引退後に、ニューヨーク・シティ・オペラのゼネラル・マネージャー、リンカーン・センターの会長、メトロポリタン歌劇場の委員長などを歴任。慈善活動にも積極的だった。1929年〜2007年。

いつも流行するダイエット法のなかには、「〇〇するだけ」というのがあります。納豆といえば、スーパーからは納豆が消え、こんにゃくといえば、こんにゃくが消え……。多くの人は、自分がたどり着きたいところや望むものは、努力なしにお手軽に手に入れたい、簡単に到達したいと思っています。

しかし、もし本当に向かうべきところ、それはダイエットでも、目標でも何でもいいのですが、あなたが本当に価値を心から感じているなら、**お手軽に手に入れようとしても無理です。価値あるものにはそれなりのことが求められるからです。**

成功者たちが、何かを達成しているのを端から見たときに、非常に楽しそうに、簡単に手に入れているように見えはしますが、努力は表に現れずに、コツコツと地道に地味に継続しているだけなのです。つまり、**近道はない**のです。

コツコツも継続も実は意外に楽しいもの。なぜなら、それを手にしたときの充実感は、簡単に手にしたときよりも大きいからです。千里の道も一歩からなのです。

Great
Inspirational
Words
32

私の人生は楽しくなかった。
だから私は自分の人生を創造したの

――ココ・シャネル

My life didn't please me, so I created my life.

あなたは自分の人生に満足しているでしょうか？　ココ・シャネルは孤児院で育ち、貧しいなかで育ちましたが、反骨精神が半端なく、この言葉に表れているように、自分の望む人生を自分で作り上げ、摑み取ったのです。彼女を、ただラッキーな女性と呼ぶ人はいません。彼女のスタートは、嘘から始まりましたが、「嘘を真にする力」を持ち、努力で勝ち得た成功なのです。

人生が楽しくないと思っている人はたくさんいます。そして、多くの場合、悲劇のヒロインにでもなったかのように、その不幸な状況を、環境や周りの人々のせいにして、他責の人生を歩むのです。今の状況を変えることはできます。変えようと努力する人でありたいですか？　それとも不平不満、愚痴ばかり言いながら生きていきたいですか？

きっと答えは明白でしょう。**人は、自分の望む人生を切り開く力を持っています。**まだ発揮していない人も多いですが、**あなたにはその底力があるのです。その力はいつ発揮したいですか？　今日、今この瞬間から、自分の人生を創っていきましょう。**

Great Inspirational Words

33

行く手をふさがれたら、
回り道すればいい

――メアリー・ケイ・アッシュ

When you come to a roadblock, take a detour.

メアリー・ケイ・アッシュ（Mary Kay Ash）

アメリカの実業家。アメリカの化粧品会社メアリー・ケイの創業者。トップセールスマンとして活躍するが男性と同等には評価されず、起業を決意。インセンティブ制度を取り入れ女性の自立を支援。功績が認められ「全米で女性が最も働きやすい企業トップ10」にも選ばれる。1918年〜2001年。

メアリー・ケイ・アッシュは、アメリカでは有名な女性実業家の一人でした。ゼロから化粧品会社を立ち上げ、業界トップクラスの会社となり、「アメリカで最も影響力のある女性25人」にも選ばれたストイックな女性でした。

目指すべきところや目標達成の道はたった一つではありません。それはまるで山登りのようです。頂上まで到達するのに、最短距離が一番いいわけではありません。緩やかな道を着実に一歩一歩進むやり方もあれば、体力と経験がある人は、一番の近道を通りたいと思うかもしれません。どちらにしても、リスクがあります。体力的なものか？　それとも時間がかかるか？　正しい答えなどありません。

仕事も人の数ほどやり方、というのは存在しています。しかし、人はつい自分の凝り固まった思考とやり方に固執してしまいがちです。成功者の模範的な存在だった彼女は、**うまくいかなければやり方を変える**、たとえそれが回り道であったとしても、**自分にとってもっともふさわしい道を、その都度選んで進んできたのです。**柔軟な思考は、ビジネスだけではなく、人生の成功にも関係します。

Great
Inspirational
Words

34

行動することです。そうすれば神も行動されます

――ジャンヌ・ダルク

Act, and God will act.

（注）ジャンヌ・ダルクが言ったとされる言葉

ジャンヌ・ダルク（Joan of Arc/Jeanne d'Arc）

フランスの軍人、聖人。1337年に勃発した百年戦争に神の啓示を受けて参戦し、フランス軍を指揮、窮地を救った少女と言われている。勝利を収めたが、のちに捕らえられ、イギリスによる宗教裁判の結果、1431年に19歳で火刑となった。フランス国家と国民の統合の象徴とされた。1412年～1431年。

夢を本気で叶えようと思ったときに、必ず抵抗勢力、というものがあります。その夢が大きければ大きいほど、阻《はば》まれるかのような事態になることがあるのです。そこでやめてしまう程度のことなら、たいした夢ではないのです。それらを乗り越えてもなお、行動し続けることができたときに、人知を超えた手助けのようなものがあるのです。

それはまるで、モーゼが敵軍に追われ、逃げ場がない大きな紅海の方向に進んで行ったときに、紅海が割れてその道筋へと導かれるかのような、そんな似た状況になることがあるのです。

この言葉を言ったとされるジャンヌ・ダルクの背景を少し考えてみましょう。彼女は女性でありながらフランス王国の軍人でした。12歳のときに、神の声を聞いたとして、その4年後にフランス軍の指揮者として軍に入るのです。農民の娘であり、軍人でもなければ戦いにおいての知識など何もない状態で……。しかし、数々の奇跡的な勝利を収めました。わずか10代で国を動かし、偉業を成し遂げたジャンヌ・ダルクの言葉には説得力があります。**何かを得たいと思ったら、何よりも行動が大切なのです。**

Great
Inspirational
Words

35

怠惰は魅力的に見えるけど、
満足感を与えてくれるのは働くこと

――アンネ・フランク

Laziness may appear attractive, but work gives satisfaction.

疲れが高じて、ダラダラと過ごしたくなるときが誰にでもあります。怠惰《たいだ》になり、休みの日は昼過ぎまで寝ていたいときも……。しかし、誰もが経験がある通り、それをすると、身体が余計に疲れる。それよりも朝に起きて、換気をして掃除をして、きれいな環境にして朝食をとり、爽やかな午前中を過ごすほうが、どれほど心地よいことか！

時に、私たちには「休息」というものが必要です。しかし、いつも怠惰に過ごしていると、体だけではなく、心と体は連動していますので、心まで疲弊するのです。アンネ・フランクの言葉通り、満足感は働くことから得られます。

文字通りの労働ということだけではなく、動くこと。ダラダラするよりも、日常生活のルーティーンをこなすのです。**習慣の力は、あなたの人生をまるで底上げしてくれるかのような存在になります。**つらいことがあっても、その習慣の力は、あなたを支えてくれます。**人は、満足感を得たことに、快スイッチが入り、それを継続していくことができるようになるのです。**

Great
Inspirational
Words

36

最も勇気のいる行動とは、
自分の頭で考え続けること。
そしてそれを声に出すこと

――ココ・シャネル

The most courageous act is to think for yourself. Aloud.

コーチング的手法の**夢を現実にする方法**は、三つのことに要約されます。

①夢を頭のなかで考えること、イメージすること

②それらを、言葉に出すこと

③そして、行動に移すこと

ココ・シャネルは無意識にそのことを知っていたのでしょう。彼女の言葉に、その三つがしっかりと書かれています。どれが欠けても、夢の実現はありえません。きっと最初にこうなったらいいな〜、ああなったらいいな〜、と思い描くことでしょう。そして、そこにワクワクが伴ったときに、いつしかそれらが地中から泉が湧き出るように、言葉になって溢れてきます。もう、言わずにはいられないのです。その夢を……。

しかし、残念なことに、周りの人々はそれをあざ笑うか、やめるようにと言うことでしょう。それはあなたがそれを本当にやりたいことなのかを知るための天からのお試しなのです。しかし、**言葉に出せた、という最も高いハードルを越えることさえできたら、あとは進むだけです！**

Great
Inspirational
Words

37

寝て食べるためだけで
生きてるわけではない。
私たちの生活には誇りと
尊厳が必要です。
仕事はそれをあなたに
与えてくれます

――オノ・ヨーコ

We don't live by just sleeping and eating.
We need pride and dignity in our lives.
Work gives you that.

あなたにとって、仕事とはどんな位置づけでしょうか？　それは会社に勤めるだけではなく、家事や誰かのお世話をすることなども含みます。愚痴、不平不満を言いたくなることがあるかもしれませんが、その与えられた仕事を誰よりもこなせるように、**「プロフェッショナルになってやる！」という心持ちで仕事に取り組んだときに、お金の回り方のみならず、自分の仕事への意識が大きく変わります。**

昔は多くの女性たちは、いいお給料の人と結婚してお金持ちの専業主婦になりたいと言ったものです。しかし、最近では、女性たちも経済的自立をして、自尊心と誇りを持ち、仕事に生きがいを感じている人々が多くなりました。

時代は、毎朝定時の会社出勤から、自宅で行うリモートワークに変わり、個人でスモールビジネスをする人々も増えました。「仕事をすることは疲れること」……という時代から、「好きな仕事をすることは、非常に楽しいもの！　生きがいを感じるもの！」という時代になったのです。**あなたの人生が彩《いろど》り豊かになるような仕方で、仕事に向き合ってみましょう。どんな仕事でも、ゲームのように楽しみ、誇りを持ってできるものなのです。**

Great Inspirational Words

38

私は失敗を恐れたことはない。
よいことは、必ず
失敗のあとにやってくるのだから

――アン・バクスター

I wasn't afraid to fail. Something good always comes out of failure.

アン・バクスター（Anne Baxter）

アメリカの女優。1947年映画『剃刀の刃』でアカデミー賞助演女優賞を受賞。代表作は『イヴの総て』。1976年には自伝を発表し、批評家から絶賛を受けた。1923年～1985年。

誰でも失敗というものを恐れます。それは「失敗＝よくないもの」と思っているからです。しかし**「失敗＝学び」**であり、**「失敗の数＝学びの数」**。つまり、**失敗の多い人は、それだけ知識と知恵を得ている**、という見方ができます。

失敗は次なる成功へと導きますので、**失敗を恐れない、そして、失敗は失敗ではなく、ただの結果である、という前向きな捉え方をするようにお勧めします。**

ある人は、「運の数は決まっている。よいことも悪いことも同じくらいにある」と言います。コインを放り投げたときに出る裏と表の数は同じ、という統計が出ていますが、失敗と成功も同じなのかもしれません。ですから、失敗したあとはそう思うのです。次はよいこと、成功が訪れる、と。

失敗を恐れなくなると、行動力と量がアップします。そうすると、必然的に失敗の数も多くなりますが、それはあなたの経験値を高め、のちに「あのことがあったから、今がある」と思えるようになることでしょう。その経験は人としての魅力につながっていくのです。

Great
Inspirational
Words

39

心に愛がある女性は、常に成功する

——ヴィッキイ・バウム

A woman who is loved always has success.

ヴィッキイ・バウム（Vicki Baum）

オーストリアの作家。50作以上の作品を著し、そのうち10作以上の作品がハリウッド映画化されている。1888年〜1960年。

愛と成功の関係性は何でしょうか？ それは、**愛は利己的ではなく、利他的で相手の視点で物事を見て、判断し、相手のためを思って行動できること。**たとえば、それがビジネスの場合、損得勘定ばかりで動いている人と、自分のことよりも、顧客の利益を考える人とでは、顧客は自分の利益を考えてくれる人から商品を買いたいと思うものです。

ビジネスだけではありません。対人関係に関しても、愛があるかどうかは、隠そうとしても、にじみ出るかのように、言葉と行動に表れ、相手が喜ぶことを無意識に行ってしまうものです。ですから、人にも恵まれますし、愛を送り出しているので、愛を受け取ります。愛もエネルギーの一つです。

送り出したものは受け取ることになっています。送り出したものに関しては、回り回っているうちに、なぜか出したぶん以上になって戻ってきます。心に愛ある女性は、外見よりも先に、心の美しさからにじみ出るものゆえに、人々はその愛と美しさに魅力を感じ引き寄せられていきます。人が集まるとビジネスは成功しやすいのです。

Great Inspirational Words

40

私は好きなことしかしない。
私は自分の人生を、
自分が好きなことだけで
切り開いてきたの

――ココ・シャネル

I just do what I like. I have opened up my life by doing just what I like.

ここ数年、「好きを仕事にする」という副業や、スモールビジネスが流行し、そして、今年はコロナ禍の影響で、大企業でも副業を認めるようになってきました。時代の流れはますますそうなっていきます。そのときに、このシャネルの言葉は役に立つことでしょう。

なぜ自分の人生は「好き」だけで切り開くことができるのでしょうか？　なぜなら**「好き」は、非常にパワフルなエネルギー**だからです。「好きこそものの上手なれ」という言葉がありますが、好きなことには、集中しやすいですし、一生懸命勉強もしやすいので、上達しやすく、何よりも努力が要らずに継続できる、という点にあります。それがビジネスである場合、成功しやすいのです。

人生、妥協で過ごすのか？　それとも好きなことをして過ごすのか？　この世を去るときを想像すると、自ずと答えは出るはずです。私は40歳のとき、「好きなことをして生きる」と決めてから、それがずいぶんと叶ってきました。そんなこと無理だと思っていたときは、叶いませんでした。あなたの人生が**「好き」がたくさんある人生**でありますように。

Great
Inspirational
Words

41

幸運だったわけではありません。
私はそれだけの努力をしてきました

――マーガレット・サッチャー

I wasn't lucky. I deserved it.

マーガレット・サッチャー（Margaret Hilda Thatcher）

イギリス初の女性の首相。英国経済立て直しを目指し、「新自由主義」と言われる経済政策に取り組み、「小さな政府」や「民営化」などをポイントとした政策は、「サッチャリズム」と呼ばれた。ニックネームは「鉄の女」。1925年〜2013年。

努力したことがない人は、目立つ立場の人、何かを成し遂げた人、成功者がただ単にラッキーだった人、と見るかもしれません。しかし、多くの場合、**偉業を成し遂げ、何か大きなことを達成している人は、人よりも多く行動し、継続してきたからこそ、成功を手にしています。**努力して何かを成し遂げた人は、そうした人々を見ると、陰ながらの努力やがんばりを想像できるのです。

どんな結果を得るにしても、楽をして手に入るものはありません。ダイエットも、ビジネス上の成功も同じです。しかし巷では、「……だけで○○になれる」とか、「簡単！ ○○だけで」とか、簡単でインスタントなことが大人気です。「引き寄せの法則」が流行したのもそのためです。自分で摑みに行くよりも、引き寄せたい、そんな願いを持つ人が多くいたため大流行。しかし、飛びつきはしますが、結果が出せません。

つまり**成功法則は、行動することで運気が上がり、努力することで幸運が舞い込み成功につながるのです。行動というエネルギーはその願うものを現実にするのです。成功と努力はセットなのです。**

Great Inspirational Words

42

野心、野望、大いに結構。
何かを摑みたいなら
人よりも、動く！　努力する！
コツコツ続ける！
これしかないのです

——ワタナベ薫

Be ambitious! All that is needed to achieve something is action, effort and perseverance. That's all you need.

倹約、質素、清貧……それらは美しいとされるのでしょうが、欲のない人生というのは、生命エネルギー値が低めです。もちろん、欲深すぎて利己的かつ我欲を持つ、というのは品がありませんが、ある程度の欲は、真の人生の目的、自己実現に向かわせます。

自己実現してステージが上がると、社会貢献もするようになります。そういう意味でも、野心も野望も大いに結構！　人は、自分が満たされると、次は他の人を満たしたいと自然に思うからです。そのためには、がんばらないでゆるく何かを引き寄せたい、などと思っていても無理です。それを摑むためには、**行動が必要**です。

昨今の自己啓発本では、引き寄せるとか、ゆるく好きなことだけしていれば何かを引き寄せられる、のような謳《うた》い文句も多いかもしれませんが、その発信している人々の行動を見てみてください。私の知る限りでは、誰一人ゆるやかな人はいません。皆ストイックに行動し、継続し、計画計算し、行動しているのです。先人たちも、そのようにして世界に名を残していきました。それは、原因と結果の法則です。夢見がちな考えではなく、**行動し、努力し、継続していきましょう。**

Great
Inspirational
Words

43

誰でも持っている底力。
それ、いつ使いますか？

――ワタナベ薫

Everyone has inner strength, when will you use yours?

質問です。あなたは普段の生活をするうえで、何パーセントくらいの力で生きていると思いますか？　この質問を多くの方にすると、だいたい、50～60パーセントと答える方がとても多いです。それは無意識に制限をかけた安全装置の役目もあります。常に100パーセントだと疲れ切ってしまうからです。

底力とは、いざというときに出る力ですから、その力をパーセンテージで表すならば200パーセントとか、時には超人的な力を発揮することがあります。

そして朗報ですが、誰にでもその力は備わっています。火事場の馬鹿力もこれに当たります。いつも火事場の馬鹿力を出す必要はありませんが、人生のなかでは、大きな決断をするときや、新しいことにチャレンジし、勝負をかけるとき、またはつらいことを乗り越えるときなどには、ある一定の期間、アドレナリン全開であなたの潜在的力、つまり普段使わない底力を使う必要があります。

あなたはいずれにしても大丈夫です！　あなたにはちゃんと成し遂げられる力、乗り越えられる潜在的な力があるのですから！

Great
Inspirational
Words

44

強運な人のほとんどは、
「私は運がいい！」と
心から信じている

――ワタナベ薫

The truth about lucky people is that they believe in their hearts that they are lucky.

例に漏れず、私も運のいい人と自負していますが、私の周りの成功している人々、強運な人は、「私は運がいい！」と心から信じています。

ではなぜ、**「私は運がいい！」と信じている人は、本当に運がいいことばかり起きるのでしょうか？**

人間の脳には、アンテナのように興味のあることを探し、それだけが目に入るような機能があります。簡単に言うと、運がいいと思っていると、運がいい事象を無意識で探してそれを見せてくれるのです。それを見ると、さらに運がいい！と思えるので、**「運がいいスパイラル」**に入ります。またこのスパイラルに入っている人の特徴は、やはり使う言葉もいつの間にか、「ツイている」言葉を使っているものです。

「あ〜、幸せ〜」「やった！ ラッキー」。逆に、不運な人々は、不運な言葉を日常的に使うのです。「サイアク〜」「ツイてなーい」。それを言えば言うほど、あなたの脳は、それらに関心があるんだと思い込み、それを探します。**運の流れを変えるのは、本当に簡単なこと。自分がどこに意識を向けるか、だけの話なのです。運がいいと思えば運がよくなるのです。**

Chapter

4

Beauty

美

Great
Inspirational
Words

45

どこへ出かけるときでも、
おしゃれをしたり、
化粧をしたりするのを
忘れないようにね。
最良の人に
いつどこで逢うかわからないから

——ココ・シャネル

Where ever you go, be fashionable and wear make-up.
You never know who you're going to meet.

女性は、年齢を重ねたときに、美に関しては二手に分かれます。一方は、美に関して、無関心・無頓着。服は身体を隠してくれさえすればいい、と考えてしまう人。もう一方は、自尊心を持ち、自分を大切にすること、それは自分の身体や外見を美しく保とうとするのです。

人は残念ながら、第一印象は言葉を交わさなくても、多くの情報がキャッチされ、見た目の印象で決まります。そして、その最初に見た印象をずっと信じてしまう、という傾向があります。そのことは、私たちの今後の装いに影響を与えるのではないでしょうか？ いつどこで、ココ・シャネルが言う「最良の人」、つまり、あなたにとっての運命の人と出会うかわからないからです。

運命の人とは、恋愛関係になる人ばかりではありません。あなたにとって、人生に多大なる影響を与える人のことです。もし、明日、あなたの運命を変えるようなすごい人に出会う、となったときに、あなたはどんな装いをして行くでしょうか？ いつもドレスを着る必要はありませんが、近くのスーパーやコンビニ行くときでも、おしゃれをして、化粧をして行きたいものですね。

Great Inspirational Words

46

夢があれば、老いることはない

——エリザベス・コーツワース

When I dream, I am always ageless.

エリザベス・コーツワース（Elizabeth Coatsworth）

アメリカの詩人、児童文学者。コロンビア大学で博士号を獲得。その後ひとりで東洋の国々をまわる。『極楽にいった猫』など動物をテーマにした児童文学で有名。1893年〜1986年。

若さを保つことにおいて、経験上信じていることが一つあります。それはこれまで多くの女性たちに関わってきてわかったことですが、**好奇心、夢や目標がある人は、確実に若い！**ということ。年齢よりも10歳以上も、若く見える女性たちが多いのです。

どんな高価なサプリメントや美容法よりも、若さに効果があるのは、夢を持つことなのです。私は、10年以上にわたって、女性たちの夢を現実にするお手伝いをする仕事をしてきました。彼女たちのエネルギー値の高さは、そのまま若さに比例しているのです。その夢を叶えるために行動力も高く、もっと行動したいという思いは、健康管理や、生活習慣を整える、という部分にも反映されていました。

そして、それらは科学的にも証明されているのです。（ポーラ・オルビスグループの研究・開発・生産を担うポーラ化成工業株式会社は、「好奇心」と「肌の弾力」が互いに高め合う関係にあることを解明したそうです）。

つまり、**好奇心があれば、肌は若返り、肌が若返ると好奇心も出てくる**、というなんとも素晴らしい相互作用です。**いくつになっても夢は持ち続けましょう。**

Great
Inspirational
Words

47

シンプルさはすべての
エレガンスの鍵

——ココ・シャネル

Simplicity is the key to all true elegance.

年齢を重ねていく美しさ、というものがあります。それは何も**外側を飾り立てずとも、積み重ねてきた経験と、知性と品格は、逆にシンプルにすればするほど、際立つもの**です。なぜなら、それは波長となって人々にその魅力を発揮するからです。ですから、年を取るのは悪いものではありませんし、歳を重ねたからこそエレガントな美しさというものもあります。

ココ・シャネルのファッションが世界中に受け入れられたのは、シンプルさと機能性ゆえのことでした。あの時代の無駄なほどまでに飾り立てられたフリフリのドレスが流行っていたなかで、まったく逆の方向性のシンプルさと機能を前面に出し、洗練されたそのエレガンスは、シンプルななかにあるその人の魅力を引き出しました。

特に、女性は年齢を重ねるたびに、一つずつ何か減らしていく美学を持たないと、下品になってしまいます。何かを削ぎ落とすことは洗練を意味します。**見た目の美しさは、足し算よりも「引き算」**です。そうすることで、あなたの内側から発揮される美しさが際立つようになるでしょう。

Great
Inspirational
Words

48

サボれば、さびる

――ヘレン・ヘイズ

If you rest, you rust.

ヘレン・ヘイズ（Helen Hayes/Helen Hayes Brown）

アメリカの女優。5歳で初舞台、9歳でブロードウェイ進出。以降「ブロードウェイのファースト・レディ」と称される。31歳で、本格的映画出演。アカデミー賞主演女優賞を受賞。70歳を過ぎてアカデミー賞助演女優賞を受賞。88歳、共著で小説を出版。93歳、心臓麻痺によってこの世を去った。1900年～1993年。

美しさと、それをキープするための行動力は、確実に比例しています。女性は40歳も過ぎますと、ホルモンの関係もあり、それらが如実《にょじつ》に感じられるものです。美意識の高さは、ついサボりたくなる怠惰な気持ちにむち打ち、行動するように促します。

美しさをあきらめたとたん、女性は転げ落ちていくのです。ただ、人間ですからたまには、サボりたくなるときも、体に悪いものを食べたくなることも、ダラダラゴロゴロしたくなることもあります。それを理解したうえで、それを続けない、と強く決意することです。

エクササイズをするときも、サボるときも、まずはそれをしたときと、しなかったときの1年後や3年後の自分の姿を想像してみてください。人は何も、美しさをキープし続けることだけがモチベーションというわけではありません。醜くなりたくない、というもう一つの動機があるのです。この「美しくいたい」と「醜くなりたくない」という二つの動機が、日常生活での暴走を避けさせるのです。

一生の美の標語に。「サボれば、さびる」。確かに！

Great Inspirational Words

49

女らしい女性の
最も美しいところには、
どこか男らしさがある

——スーザン・ソンタグ

What is most beautiful in feminine women is something masculine.

スーザン・ソンタグ（Susan Sontag/Susan Rosenblatt）

アメリカの作家、批判家、小説家、知識人、映画製作者、運動家。人権問題についての活発な著述と発言でその生涯を通じてオピニオンリーダーとして注目を浴びた。批評家としてベトナム戦争やイラク戦争に反対し、アメリカを代表するリベラル派の知識人として活躍した。1933年～2004年。

女性らしさとは、柔らかさや、しなやかさ、透明感といった、男性にはない魅力があります。しかし、それらが際立つのは、強さや潔さ、寛容寛大といった、男性性がどこか見え隠れするからです。表にはあまり表れないのですが、陰陽の性質のように、女性性を支えているのは、男性性です。それはセクシャリティーを超えた、存在、在り方のようなものです。

女性は自分の性とは違う生き物を宿し、生み出す能力を持っています。出産です。あの痛みに男性は耐えられないと言われます。女性が強いのは、潜在的に、そうした強さを持っているからこそ、文字通り強い男性を、母性や優しさや慈愛で支えることができるのです。**結論、女性は強いのです。**

あなたのなかに、もし男らしさがあるなら、どうかそれも大切にしてください。あなたの女らしさをさらに際立たせるものになるからです。それはまるで料理で甘さを際立たせるために、ちょっとだけお塩を入れるのに似ています。真っ白な画用紙のなかに、たった一点の黒点があれば、その白さがますます際立つのと同様です。

Great Inspirational Words

50

この世界で最も美しいものは、
実は見えたり
聞こえたりするものじゃなく、
心で感じるものなんじゃ
ないでしょうか？

――ヘレン・ケラー

The best and most beautiful things in the world cannot be seen nor even touched, but just felt in the heart.

ヘレン・ケラー（Helen Keller/Helen Adams Keller）

アメリカの教育家、平和活動家、社会福祉活動家、著作家。視覚と聴覚の重複障害者（盲ろう者）でありながらも世界各地を歴訪し、障害者の教育・福祉の発展に尽力。米国で最大の名誉である「大統領自由勲章」を授与された。1880年～1968年。

これはヘレンの先生であるアニー・サリバンがヘレンに教え、ヘレンが12歳のときに言った言葉です。

美しいものを美しいと認知するところは、五感を通してですが、どんなに美しいものでも、心がそれらを美しいと認識しなければ、そう感じることはできません。その五感が敏感であっても、心が美しいものを受け入れる態勢になっていなければ、美しいと感じることはないでしょう。

ヘレン・ケラーは、その五感のなかで最も人々が多く使っている視覚情報が絶たれていました。そのなかにあっても、多くの美しいものを心で感じていたからこそ、このような言葉を残しているのでしょう。**心が美しい人は、心で美しさを感じます。**美しいものを見たり触れたりしたときに、真の美しさを心で感じているので、実際には、言葉で言い表すことができないのです。

世界中に、そして身近な日常生活にたくさんある、美しいものをキャッチし、それらを美しいと感じる心を養っておきたいものです。それには、**いつも美しいものに触れ、心の畑を柔らかくしておくこと**です。そうすれば、自ずと**美しいものを無意識に感じて、毎日が感動するような日になる**ことでしょう。

Great Inspirational Words

51

私の年齢は私が獲得したもの。
持っていかないで

——メイ・サートン

Do not deprive me of my age. I have earned it.

メイ・サートン（May Sarton）

アメリカの小説家・詩人。1960年代後半、小説のなかで同性愛を明らかにしたことで大学の職を追われ、本の出版も中止された。『独り居の日記』をはじめとする日記でも知られる。1912年～1995年。

日本人女性ほど、自分の年齢を気にする人種はいないのではないだろうか？　とよく感じます。あなたはご自身の年齢を堂々と人に言えますか？　それとも隠したい気持ちになるでしょうか？　そして、誕生日が来て、年齢を重ねるたびに、ため息が出るような気分になりますか？

SNSでは、一般人が日常生活を投稿する場面が見られますが、そのなかには「年齢はただのナンバーだから」と言って、自分の年齢を断固隠す、という人もいます。ビジネスの場合、年齢で判断されたくないということもありますが、一般の人でも、ただのナンバーで気にしていないなら、自分の生きてきた年数を隠すほうがおかしいのです（ただ、マナー的に相手の年齢を聞くのは失礼にあたるのでご注意を）。

年齢は、あなたがこれまで生きてきた証の年数です。その年数を恥じず、誇りを持っていいのです。今日この日まで、いろいろと苦しいこともつらいことも、もちろん楽しいこともあったことでしょうが、**あなたの年齢は、あなたの歩みの長さを示す、隠したり、ごまかしたりする必要のない貴重な飾りのようなものなのです。**

Great
Inspirational
Words

52

微笑めば友だちができる。
しかめっ面をすればしわができる

——ジョージ・エリオット

Wear a smile and have friends; wear a scowl and have wrinkles.

誰でも、親しい人と喧嘩したり、嫌な出来事があると、泣いたり怒ったりと、負の感情が一瞬にして表情に出ます。それが続くと、表情筋に癖がつきます。それが「しわ」です。もし、いつも怒っていたら、眉間にしわが刻み込まれ、いつも泣いていたら、口角が下がりほうれい線のしわが出やすくなります。そして、いつもムッとしていたら、表情筋を動かさないので、逆にしわになりやすく、または垂れます。

怒ったり、人の悪口、不平不満、愚痴を言っているときに、すぐに鏡を見てみましょう。ひどい顔になっていて、それが顔に刻み込まれる！　と思ったら、あなたもすぐにやめたいと思うことでしょう。どんなにいいサプリメントを飲んだり、どんなにいい美容をしていても、負の感情からくる表情は、刻み込まれてしまいます。

しかし、年を重ねたときに、素敵なしわ、というものがあります。それは、目尻の笑いじわです。これは、本当に美しいものです。そして、笑顔の人には笑顔の人が寄ってきます。なぜなら、人は笑顔の人には、癒しや安心感を感じるので、無意識に心を許してしまうからです。

さあ、笑って、笑って！

Great
Inspirational
Words

53

あるとき私は、
自分を美しいと決めたの

――ガボレイ・シディベ

One day, I decided that I was beautiful.

ガボレイ・シディベ（Gabourey Sidibe）

アメリカの女優。アカデミー賞主演女優賞にノミネートされた8番目の黒人女優。ハーレム育ち。2009年公開映画『プレシャス』のオーディションを受け合格、デビュー。当時25歳だったが、難役の高校生の主人公を見事に演じ切り、大型新人女優として一躍スターダムにのし上がった。活躍中。1983年生まれ。

セルフイメージという言葉があります。これは、自己認知、つまり、自分で自分をどう思っているか、自分について抱いているイメージのことです。人は、セルフイメージ通りの行動をします。「私は快活！」と思っている人は、快活な言動をします。「私、ネガティブなのよね……」と思い込んでいる人は、ネガティブな言動、ネガティブなファッションをします。

ですから、「私っていつもダメ」と言っていると、ダメな自分がセルフイメージになり、ダメな行動をします。この格言にあるように**自分を認知するときは、前向きなイメージを持つこと**です。「自分を美しいと決める」「自分は若いと決める」「自分は意志が強いと決める」。

人は何歳からでも、何にでも望むものになることができます。その際にまずは、あなた自身がどんな人になりたいかの理想を考えることです。そうなると決めたときから、あなたはそのような振る舞いをするようになります。徐々に周りの人々もそのようなあなたを認知し、さらにその理想へ加速していきます。**あなたがどんな人なのかを決められるのは、あなた自身です。**

Great
Inspirational
Words

54

ある人は18歳でとても年老いている。
ある人は90歳でとても若々しい。
時間とは人間が
作り出した概念にすぎない

――オノ・ヨーコ

Some people are old when they're 18 and some people are young when they're 90.
Time is a concept that human beings created.

この違いは何だと思いますか？　それは美意識云々の前に、自分で自分をどう思っているか？　という自己認知が関係しています。実年齢を意識すればするほど、または、「自分はもう、○歳だから……」と言うたびに、思うたびに、人はどんどん老けていきます。

一方、**若々しく生きている人々は、往々にして「自分は若い！」と思い込んでいます。**若いと思い込んでいるので、運動したり、若い人々とも交流し、若いと思っているので、若い動きができるのです。

あまり実年齢を意識しないことです。何歳くらいに見られたいのか？　あなたが望む年齢のモチベーション、あなたが望む年齢の見た目、活動力……それらはあなたが決めていいのです。年齢はただのナンバーであり、過ぎゆく時間は、ただの概念だからです。年齢を重ねてから若さに固執するのは、多少痛々しくはありますが、ただ内なるところが日々新たになっていく感覚は見た目の若さにも影響を与えます。

Great
Inspirational
Words

55

口元には品格が
瞳には心根が
表情には感情が
姿勢にはその人の生き方が表れます

――ワタナベ薫

Dignity, the heart, our emotions and the way we live our lives are displayed in our appearance.

心と表情筋は密接な関係があります。感情が出たときに脳に情報が行き、そのあと脳からの指令で表情に表れます。あなたも経験があるかもしれません。恥ずかしいことがあったときに、その瞬間に顔がカッと熱くなり、真っ赤になってしまったことが。そのように瞬時に表情に表れるのです。

そして、それらの回数が多ければ多いほど、今度は表情の癖、というものが顔に刻まれます。いつも意地悪なことを考えている人、悪口、不平不満ばかり言う人の顔付きは、どんどんアシメトリー（左右非対称）になってしまいます。

ですから、あなたの考えていること、感情、思いはすべて自分の体の表面に表れてしまうのです。姿勢も同じです。ネガティブな人が、姿勢がいいということがないように、前向きな人は本当に前を向いているので、姿勢も美しい傾向にあります。

そう考えると、人は内なるところを美しく保ち、生きていきたいと思うはずです。つまり、**真の美しさを兼ね備えている人は、内面も外見も美しい**、と言えるのです。外見の美しさと若さで通るのは、20代のうちだけです。**年齢を重ねるとともに、真の美しさを身につけたいものです。**

Great
Inspirational
Words

56

美しさへの第一歩は
自分を直視する恐怖を
乗り越えるところから

――ワタナベ薫

The first step to beauty is to look directly at your fears and overcome them.

いろんな意味で、自分というのは案外見たくないものです。なぜでしょうか？　それは**自分を直視することは、向き合うことだから**です。

●鏡を見たくない
●自分の内面の醜い部分を見たくない
●自分の動画を見たくない
●自分の写真を見たくない

それらを観察したときに、がっかりしてしまうことがあります。しかし、見ないことには、改善のしようもないのです。多くのモデルさんたちは、毎日全裸の姿を、全身が映る鏡でチェックしています。「見たくない」では済まされません、プロですから。美しくないと感じる部分があれば、そこをケアして納得いくボディラインにしていかなければならないからです。

私たちはモデルではありませんが、もし、**美しくなりたかったら、内外ともに自分を直視して、改善していけばいい**のです。**それが美意識**なのです。

Great
Inspirational
Words

57

「美しい」ということは、
「正しい」ということ

――ワタナベ薫

Beauty is correctness.

この言葉をよく思い出します。この言葉は私が以前、武道を習っていたときの、師匠の言葉です。この言葉だけでは語弊があるので説明を加えますね。武道を習い始めたときは、実践よりも「正しい形」、つまり基本を徹底的に練習します。よく聞く「守破離《しゅはり》」の「守」の部分です。素人の目からも、この基本が体に身についている人と、身についていない人がすぐにわかるのです。なぜだと思いますか？　**基本が身についている人の動作は美しいのです。**師匠の次なる説明の言葉は**「正しく動いている人は、美しいんだよ。だから素人目からもすぐわかる」**でした。

美しい人に当てはめて考えてみると、**美しい人は、外見のみならず、何か内側から発する美しさ、というものがあり、その「美」はその人から漂い出ているのです。**それは、もしかしたら、丁寧な生活をしていることや、自分をちゃんと省みてケアしていることとか、もしくは、内面の美しさが漂っているのかもしれません。

美しさを追い求めるのは、虚しいことではありません。あなたが美しくあることで、それに癒されたり、笑顔になったりする人々が増えるからです。

Great
Inspirational
Words

58

悪口ばかり言っている人の顔を
よく観察してみてください。
「悪口は言わないようにしよう」
という強力な説得力になりますから

——ワタナベ薫

Observe the face of people who say bad things and it will strongly persuade you to not say bad things.

言葉には力が宿ります。そして、言葉自体も特有の周波数があるために、**言葉を発するとき、それはダイレクトに、自分の脳に、潜在意識に、感情に、そして体に、影響を及ぼします。**

何よりも、悪口を言っているときの表情は、どう見ても美しくないのです。いつも口を開けば意地悪なことを言ったり、悪口を言っていると、それがそのまま顔に定着していき、ブスになってしまいます。

もし、誰かが悪口を言い始めたら、聞かない工夫をしてみてください。もしくは、決して同意しないでください。同意をすると、あなたも悪口を言っているとみなされますし、相手は、あなたがその種の話が好きな人とみなし、何度も悪口を聞かされる羽目になります。何度も聞くことで、同じく言葉の力があなた自身にも発動してしまう、つまり自分が言わなくても、聞けば聞くほどそれはインプットされていることになるのです。

言葉は食物と同じです。食物は胃に入り消化されますが、言葉はあなたの潜在意識に入り、それが定着してしまうので気をつける必要があるのです。

Great Inspirational Words

59

真の美しさは内面に宿る

――ワタナベ薫

True beauty dwells within.

どんなにナイスバディでも、どんなに美しい顔立ちでも、どんなに高級なファッションをしていても、**真の美しさは内面に宿ります。**もちろん、外見的な美しさは、目の保養でもありますし、皆美しい姿にも憧れますが、それはただのお人形のようなもの。それよりも**価値あるものは、内面的な美しさです。**

目に見えないものこそ、本当の意味で大切なものです。外見的なものも、いつかは衰え、朽ちていくもの。それら儚《はかな》いものに時間とエネルギーを費やすよりは、内面的美を養っていくことが必要です。ではそれはどのようにしたらいいのでしょうか？

内面的な良き特質を持つ人から学ぶことです。本書ではたくさんの真に美しい人々の説得力ある格言を集めましたが、そうした言葉を読み、感動し、想像し、そしてそれらを生活に適用していくのです。そうすることで内面が養われます。かのオードリー・ヘプバーンは晩年、美容もほとんどせず、ありのままの姿で慈善事業に勤《いそ》しみましたが、彼女の笑顔はあまりにも美しく、慈愛に満ちた笑顔からも多くの人を魅了しました。**心の美しさは外側に反映されます。**

Chapter 5

Healing

癒し

Great Inspirational Words

60

あなたの傷を知恵に変えなさい

──オプラ・ウィンフリー

Turn your wounds into wisdom.

オプラ・ウィンフリー（Oprah Winfrey/Oprah Gail Winfrey）

アメリカのテレビ司会者、俳優、テレビプロデューサー、慈善家。世界100ヶ国以上で放送されるトーク番組『オプラ・ウィンフリー・ショー』では25年間司会を務めた。主婦に絶大な人気を誇り、彼女が番組内で紹介した本は必ずベストセラーになった。1954年生まれ。

生きていると、傷つくようなこともたくさんあり、「もうダメ……」と思えるような、つらい出来事もたくさんあるものです。あなたもそのような経験や記憶がいくつかあるのではないでしょうか？　それらは思い出したくもないような出来事ですか？　それとも「あのつらい出来事があったから今がある」と前向きに思えますか？　ぜひとも、後者でありましょう。

きっと、人生とはそういうもので、つらい出来事や傷つくことは、避けられないようになっています。しかし、年齢を重ねていくと、若い頃に数多くあった、傷つく出来事が少しずつ、少しずつ減っていくのです。

なぜでしょうか？　そう、知恵がついたのです。そうした嫌な出来事のおかげで、物事の真偽や人を見る目が養われ、いちいち小さなことで傷ついていられないので自分を守る術《すべ》も、学んできたのです。ですから、**傷つくことを恐れずに、前に進む、行動に移してみる。成功したらラッキーですし、失敗しても、そこからちゃんと、知恵になるような学びまで得られるのです。**つまり、**どちらに転んでも、あなたは貴重なものを手にすることになるのです。**

Great Inspirational Words

61

あなたの心が
語りかけることだけを
しなさい

――ダイアナ元妃

Do only what your heart tells you.

人の意識には、頭や意識でわかっている顕在意識と、深層心理と呼ばれている潜在意識という二つの部分があります。この潜在的な意識のほうは、あなたの言動と意識の9割以上を占める部分で、それは**あなたを最善の道に導く潜在意識の声、または直感**です。それに従うとあなたは成功するようになっています。それらはあなたしかキャッチできず、何が最善かを知っているのは、あなたしかいないのです。

あなたは答えを持っていないと思い、いろんな人にアドバイスを求めるかもしれませんが、実は他の人の言葉は必要ありません。あなたの心が語りかけることに耳を傾けて、それに従うだけでいいのです。それが最良の決定であり、最高の癒しであり、最もふさわしいアドバイスになるのです。

特に心が疲れたときほど、自分のハートに意識を向けてください。あなたはそれが心地いいのか？　それとも不快なのか？　それを知るだけで、次に何をしたらいいかを知ることができるのです。**心が語りかけることだけをしたときに、あなたの望む人生を手に入れることができるのです。**

Great
Inspirational
Words

62

人の苦しみを
やわらげてあげられる限り
生きている意味はある

――ヘレン・ケラー

So long as you can sweeten another's pain, life is not in vain.

「存在意義」という言葉があります。人は誰でも一度や二度は、この存在意義に悩むことがあります。「私は価値があるのだろうか？」「自分の人生の目的は何だろうか？」「なぜ私は生まれたのだろう？」などのように考えることです。人生に迷ってしまうときにそうしたことを考えます。

「存在意義」とは、自分が存在している意味や価値、重要性であり、それを見つけたときに「生きるかいがあった」と思う、つまり「生きがい」になるのです。しかし、特段、何か大きなことを成し遂げる必要はなく、あなたは誰かのそばで笑っているだけで、相手にとってそれは価値あることです。なぜなら、人の笑顔は誰かの笑顔を引き出し、そして癒す役目があるからです。

たとえあなたは何も成し遂げようとしなくても、**ただそこに存在するだけで、価値があります。**そして、もしもっとあなたがその生きる意味を見出したい場合は、あなたは自分の喜ぶことをし、そして誰かを喜ばせたときに、自分の生きる意味を見出します。受けるよりも与えるほうが幸せを感じるようになっているのですから。

Great
Inspirational
Words

63

自身を癒すということは、
自分以外の人々を癒すことと
関係があります

――オノ・ヨーコ

Healing yourself is connected to healing others.

力尽きていても、他の人のために何かをしてあげていたほうが、あなたは元気になります。なぜなら、その人が癒されたのを見て、自分が癒された感覚になるからです。それは、もともと人には、愛の資質が備わっており、それを表す能力があるからです。そして、誰でも承認欲求というものがありますが、他の人があなたのおかげで元気になり喜ぶ姿は、何よりも大きな承認をしてもらったかのようで、あなたもその姿を見て大いに癒されるのです。

私はコーチングのコーチや、コンサルタントをしていましたから、クライアントが元気になり、目標を達成したときの喜びは、なぜか自分が達成したときよりもうれしかったものです。そうやって私は他の人の夢実現を応援しているうちに、なぜか自分の夢もどんどん叶っていきました。なぜでしょうか？

なぜなら、**「他の人を励ます」「元気づける」「癒す」は、結局自分に言葉がけをしているのと同じことだからです。**言葉には力が宿り、さらに、脳も潜在意識も自分と他人を区別できないことから、**人へ放った言葉は、自分に声がけしているのと同じ効果があるからです。**

Great Inspirational Words

64

如何《いか》なる星も光あり
如何なる花も香りあり

——謝冰心

Every star has light, every flower has a scent.

謝冰心（しゃひょうしん）/謝婉瑩（しゃえんえい）

中国の作家。文学革命の初期から小説・詩・散文・児童文学など、さまざまな分野で活躍。日本でも戦前から翻訳されている。平易な口語で書かれた美しい文章に定評がある。1900年～1999年。

謝冰心は晩年に脳いっ血で倒れ、右半身が麻痺してしまいましたが、執筆活動を続けたそうです。最後まで前向きな姿勢は90歳を超えても変わらなかったそうです。

不利な状況になっても、自らの特技と特質を活かし、執筆活動に勤しんだようですが、彼女の名言を読むと、誰もが持つ良き特質に目を留めるように、と言われているような気がします。

どんな星にも固有の特徴ある光り方があり、強い光もあれば、弱い光もあり、色も様々で、どれも個性的に輝いています。そして、花も同じです。大輪の芍薬《しゃくやく》や美しいバラの花の香りもあれば、誰の目にも触れられずとも、太陽に向かって堂々と野山に咲き誇るアザミや、目にも留まらぬような雑草のような花にもそれぞれの香りがあります。

人間も同じで、**あなたにはあなたの良さがあります。**誰の真似をしなくても、あなたなりの光が輝き、あなたなりの芳しい香りを放つことができます。**人は同じではないからこそ、おもしろいのです。**

Great
Inspirational
Words

65

涙で目が洗えるほど
たくさん泣いた女は
視野が広くなる

――ドロシー・ディックス

Women whose eyes have been washed clear with tears get broad vision.

ドロシー・ディックス（Dorothy Dix）

アメリカのジャーナリスト、コラムニスト。新聞の人生相談コラムニストの先駆者。彼女の結婚に関するアドバイスは世界中の新聞に掲載された。1861年～1951年。

つらい経験は、人の器を大きくし、経験値が上がり、人にも優しくできるものです。それらの経験がなければ、誰かが人生でつまずいたり、苦しい思いをしても、感情移入も、理解も何もできないことでしょう。そう考えると、あなたのそのつらさは、のちに誰かを励ましたり、慰めたりできる大切なものとなります。

涙の数だけ、人は強くなり、この格言にあるように視野が広がります。**視野の広さは、経験値に比例する**からです。そしてもう一つ付け加えるならば、視野は広さだけではなく、物事を高い視点でも見ることができるようになります。

もし何かのことで、負の感情が湧き上がり、苦しければ苦しいほど、そのときあなたの視野は、狭く低くなり、客観的に物事を見るのが難しくなりますが、たくさんつらい思いをした人は、その経験があるからこそ、**すぐに視点を変えて、高くて広い視野で物事を客観視することができ、問題解決を早くすることができる**のです。

つらい出来事に直面したときには、「また経験値が上がる」と思って乗り越えてください。

Great
Inspirational
Words

66

明日という日がある

――マーガレット・ミッチェル

Tomorrow is another day.

マーガレット・ミッチェル（Margaret Munnerlyn Mitchell）

アメリカの小説家。10年を費やして執筆した唯一の長編小説『風と共に去りぬ』は、1936年に刊行され、ピューリッツァー賞を受賞。1939年映画化。本書は各国語に翻訳され、世界的ロングベストセラーとなった。1949年、自動車事故で死亡。1900年〜1949年。

映画『風と共に去りぬ』のヒロイン、スカーレット・オハラが「After all, tomorrow is another day.」と言った言葉は、最近は「明日があるさ」というふうに訳されることが多いようです。気持ちが非常に軽くなる言葉です。

嫌な出来事を、もし、その日にリセットせず、加算法でいったら、どんどんそれが増えていってしまいます。しかし、その日の嫌なことは、その日にリセットして、明日は今日と違う日なので、また新たな気持ちでスタートしようと思うことで、楽な気分になります。

意識をどこに向けるかで、私たちの感情も気分も左右されます。もう、今日の嫌な出来事は今日だけで十分で、今日の嫌なことは今日でリセットです。明日には明日の出来事がまたあるのですから。

明日という日は新しい日。終わったことはもう終わったこと。今日の嫌なことはきれいさっぱり忘れましょう。記憶に残していいのは、楽しかったこと、気分のよかったことです。明日は違う日なのですから。

Great
Inspirational
Words

67

自分自身が満たされていれば、
他人に対しても誠実で愛情深くなれます

――ジョージ・エリオット

If you are satisfied, you can be honest and affectionate with others.

利他的な精神は、美しいものではありますが、しかし、それがすぎると、健全な精神は保てません。なぜなら、自分が幸せではないのに、他人を優先していると、人生に疲弊してしまうからです。**あなたはまず、自分を満たし、自分を幸せにすることは義務なのです。**

日本の風習により、女性たちはがんばりすぎているところがあります。自分のことは二の次にして、自分を満たすよりも、子どもや夫を優先して、何をするにしても自分は最後、という人もいます。むしろ、女性が元気であることは、関わるすべての人の幸せに関係します。なぜそう言えるでしょうか？　女性が満たされると、キラキラして、そして笑顔は家族も、周りの人をも幸福にするからです。

まずは自分の機嫌を取りましょう。自分が幸せで満たされていることで、この格言にあるように、他人に対しても誠実で愛情深くなれるのです。夫の機嫌を取り、上司の機嫌を取り、他人の顔色ばかり窺って何かを決定するような人生は、誰の人生でしょうか？　**他人に本当の意味で優しくできるのは、自分を優しく扱っている人なのです。**

Great
Inspirational
Words

68

（過ちを）激しく非難するより、
許しすぎるほうがいい

——ジョージ・エリオット

It is surely better to pardon too much, than to condemn too much.

芸能人が、何か不祥事を起こすと、それみたことかと言わんばかりに、無関係な人々も匿名で本人を叩き、あたかも、すべてを知っているかのように非難する、ということがよくあります。今SNSの上ではそれは社会問題の一つになっており、誹謗中傷ゆえの自死なども増えています。

この格言を書いた、ジョージ・エリオットは少女時代、敬虔なキリスト教の一派、福音主義者だったそうです。キリスト教の中心の教えは愛と許しです。他の人の過ちを許すことについてキリストの弟子ペテロが、「主よ、兄弟が私に対して罪を犯したなら、何回許すべきでしょうか。七回までですか？」イエスの答えは「七回どころか七の七十倍までも赦《ゆる》しなさい」（『新約聖書』マタイによる福音書18章21・22節）。7という数字は、聖書のなかでは完全を意味するそうです。つまり、それの70倍ですから、全部許しなさいというのを強調しているそうです。

非難によって生み出されるものは、やはり非難。それよりは許して、平和裏に物事を収めることを教えているのでしょう。闘いは精神力を消耗するので、それよりは別の良き事柄に意識を向けたほうが賢明なのです。

Great
Inspirational
Words

69

光のなかを一人で歩むよりも、
闇のなかを友人とともに
歩むほうがよい

――ヘレン・ケラー

It is better to walk in the dark with friends than to walk alone in the light.

光のない闇の世界にいたヘレンは、指導してくれるサリバン先生に出会ったおかげで、その闇のなかにいながらにして、希望と生きがいを見つけ、世界中の障害を持つ人々のために尽力しました。

文字通り光のない闇の世界など、目の見える私たちには想像もつきませんが、今の時代は比喩的な闇のなかにいるようです。何を信じて生きたらいいのか？　どこに向かえばいいのか？　どんな決定をしたらいいのか？　迷いながら人生を歩んでいますが、それはまるで闇のなかにいるようです。そんなときに、あなたを理解し、あなたを愛してくれる人が一人でもいたとしたら、もうそれは救いなのです。それはまるで、ヘレンがサリバン先生と出会い、半世紀にもわたって彼女とともに人生を歩んだかのようです。光のなかで一人でいるよりも闇を友人とともに歩むことは喜びなのです。

闇のなかで文句を言うよりも、闇のなかでも誰かがあなたを理解して寄り添ってくれているならそれに感謝しつつ、日々目の前のことに集中して歩んでいきましょう。するといつの間にか、光へと出ていますから。

Great
Inspirational
Words

70

悩みがある人は、
太陽を見て、
太陽に相談してください

――ワタナベ薫

When you have troubles, look up at the sun and tell your problems to the sun.

人は上を向いて悩めない生き物です。悩むときは、背中が丸まり、下を向きがちです。下を向いて問題解決に当たろうとすると、後ろ向きでネガティブな考えばかりがよぎります。しかも夜ですと、なぜかさらに感情的になり、どんどん落ち込みます。

しかし、逆に人は太陽を見ると明るい気持ちになるだけでなく、見上げたときに、姿勢も正され、姿勢が正されると、呼吸がしやすくなり、脳にも酸素が行きやすくなります。それが、前向きな気持ちにさせてくれるのです。現代人は酸欠状態の人が多いとある医師は語っています。それゆえに、うつ病の原因のセロトニン不足状態になり、気持ちもダウンしてしまいがちです。

悩みというのは、思考が止まってしまったときから始まります。「悩み」になる前は「問題」なのですが、問題は解決に向かって動いているときは、「悩み」にはなりません。夜に悩んだら「明日、太陽を見ながら問題を解決しよう！」と、さっさと寝ましょう。そのほうが、メンタルにもいいですし、朝のほうがいいアイディアが湧きます。

Great
Inspirational
Words

71

人生の最大の平安は
自分を理解してくれる人がいること

――ワタナベ薫

The thing in life that brings us the most peace is having someone who understands who we really are.

一日中、会社で働き、叱られたり、失敗したりなどで、ヘトヘトになって家に帰ったときに、そのつらさを何も言わずして理解してくれる家族の存在があったときに、私たちはただ家族がいてくれるだけで癒やされた気分になることでしょう。または、いつも理解してくれる友人、恋人があなたのつらさをわかってくれたとき、心からにじみ溢れるような、幸福感さえ感じることでしょう。

もし、まだそのような相手がいなかったとしたら、あなたがあなたの大好きな人に、そういう存在であることで、あなたもまたその相手からそのように感じてもらえることでしょう。想像力をはたらかせ、相手のことを理解するのです。言葉は多くなくても、ただ寄り添うだけで、ただハグするだけで、相手に平安を与えることができます。

人生で大切なのは、そうした温かい関係があること、理解者の存在、どんなことがあっても、この人は自分の味方でいてくれる、という安心感なのです。もしそのような相手がすでに存在していたら、その人は当たり前の存在ではなく、日々の生活で感謝を表すことです。

Great
Inspirational
Words

72

つらいことは
消化して、浄化して、
昇華すること

――ワタナベ薫

As for difficulties, accept them, deal with them and let them go.

もう二度と思い出したくもないような、つらい経験は誰にでもあるかもしれません。しかし、できれば、あとで思い出してもいいように、もしくは、気持ちが落ち着いたら、それらを自虐ネタにして、笑い飛ばせるくらいにしておくことは大切です。なぜなら、それらは、自分の経験値を上げ、そしてあなたの器が大きくなるのに寄与した経験だからです。

そのためには、その出来事をしっかりと**消化**することが必要です。消化とは、そのことを十分理解して、自分のものにすることを意味します。ですから、その出来事によい意味づけができたらいいでしょう。つまり次の経験に活かせるように理解しておく、ということ。

次に**浄化**しましょう。浄化とは、クリーニングです。あなたの心のクリーニングですから、それによりネガティブな感情を残さないこと。逆に経験しておいてよかった！　心も感情も爽やか！　な状態にするのです。それには、誰かに話を聞いてもらったり、書き出すなどして納得することです。それができたら、つらかった出来事を**昇華**することができます。つまり、それらを気化するかのように、あなたのエネルギーに変えていくのです。

経験値が上がれば、つらいことが起きるたびに、あなたは成長しています。

Chapter

6

Happiness

幸せ

Great
Inspirational
Words

73

幸運って、努力がチャンスに
巡りあうことよ

――オプラ・ウィンフリー

Luck is a matter of preparation meeting opportunity.

幸運（ラッキー）というのは、一般的なイメージとして、偶然の所産のような気がしている人が多いと思います。しかし、幸運とは偶然ではありません。人は、幸運の状態にもっていくことができます。それは、この格言にある通り、努力の賜物です。

努力とは、行動すること、継続すること、がんばること、などがありますが、それらはある意味、エネルギーです。その発したエネルギーがチャンスを引き寄せるとともに、その努力を向けている対象に、アンテナも張っていますので、巡ってくるチャンスがちゃんとチャンスだとわかり、わかるだけではなく、しっかりと捉えることができる状態なのです。

実は、行動や努力をしていない人でも、時々、チャンスは平等に人に巡ってくるものですが、常日頃、行動していないので、そのチャンスを逃す傾向にあります。人は、急に動けないからです。

本当の幸運な人というのは、そのチャンスが自分にとって、チャンスであると認識でき、それをすぐに掴むことができる人のこと。ですから、その**幸運がもっと多く欲しければ、努力を怠らないことが必須なのです。**

Great Inspirational Words

74

いつも微笑んでいる誰もが
驚くほどの強さを秘めているのです

――グレタ・ガルボ

Anyone who has a continuous smile on his face conceals a toughness that is almost frightening.

グレタ・ガルボ（Greta Garbo/Greta Lovisa Gustafsson）

スウェーデン生まれのハリウッド映画女優。ハリウッドのサイレント映画期ならびにトーキー映画初期の伝説的スター。3度のアカデミー賞主演女優賞へのノミネートや、アカデミー名誉賞ほか多数受賞。35歳で引退。引退後は公の場所に姿を見せることなく、隠棲生活のうちに死去。1905年～1990年。

グレタ・ガルボはスウェーデンの美しい女優でした。彼女の他の名言からは、生涯独身であったことがわかりましたが、結婚しなかったことについて少しひねくれた、また寂しく感じる表現がいくつかありました。そこで想像するのは、彼女は表ではいつも笑顔を絶やさず、それでいて寂しく感じていたのかもしれません。ですから、この格言は、ご自身について語っていたのでしょう。

弱さを見せないことは、決して強いというわけではありませんが、いつもいつも、つらいとか苦しいとか、悲しいとか疲れたと他の人に言う心理は、他の人から「大丈夫？」とか「大変だね」と言われることで、自分を慰めているのです。

それがいいか悪いかという問題ではなく、**強くなると、自分で自分を癒やし、励まし、そして周りの人々には笑顔でいられるのです。**

ある方から聞いた話ですが、笑顔でいることも徳を積むことだと。他の人に不快な思いをさせず、心配かけずに笑顔でいる人は、本当の意味で強い人なのかもしれませんね。

Great Inspirational Words

75

私は幸福を撒き散らす、
花咲かばあさんになりたい

――宇野千代

I want to spread happiness like a fairy godmother.

自分が幸福になりたいと思うよりも、他の人に幸せになってほしいと思うほうが、幸せになれます。幸せというのは、今何か足りないもの、欠けているものを満たすことで得られるようなものではありません。**今あるものに目を留めて、もうすでに自分は多くのものを持っていると気付いたときから、あなたは真の幸せを手にしていることになります。**

それだけではありません。その幸福の波動を、あなたは他の人にもたくさん分け与えていることになるのです。つまり、あなたが幸せであることは、あなたと関わる身近な人の幸せにも大いに関係するのです。

あなたがもし、今幸せであるなら、「幸せを撒き散らす、花咲かばあさん」のようです。まだお若いかもしれませんが。外見の美しさは他の人を幸せな気持ちにさせることがあるかもしれませんが、それよりも価値あることは、あなたが奪われることのない真の強さや内面の美しさ、慈愛、幸福感です。そうしたものはいくつになっても、価値があり、多くの人々を幸せにする貴重な宝物を持っていると言えるのです。ぜひあなたの幸福を撒き散らしてください。

Great
Inspirational
Words

76

幸せなときには、
多くのことを許せるものよ

——ダイアナ元妃

When you are happy, you can forgive a great deal.

人は、誰でも幸せになる権利があります。日本国憲法でも、幸福追求権が認められています。**あなたは、誰に遠慮することなく、幸せになってもいいのです。**なぜなら、あなた自身が幸せであることにより、他人に対しても寛容、寛大であり続けることができ、ひいては周りの人々の幸せにもつながるからです。

自分の幸せをなおざりにしたまま、自己犠牲的に他人のためだけに動いていると、いつしか疲弊してしまいます。もちろん、他人を喜ばせるため、他人のために自分を与えることは、高尚で素晴らしいことかもしれませんが、しかし、あなたよりも優先すべきではありません。あなたがまずは幸せになり、その幸せの電波塔のような役目をするならば、もっともっとその幸せは広がっていきます。あなたが妻、母という立場なら、家族全体が幸せになります。会社勤めをしているなら、社員のみんなにも広がっていきます。

幸せは、心の余裕につながるものです。だからこそ、他人をも許せるのです。些細なことでイライラしている人は、幸せではないので、他の人にそれをぶつけてしまいます。まずはあなた自身が日々幸せでありますように。

Great
Inspirational
Words

77

贅沢とは、居心地がよくなることです。
そうでなければ、贅沢ではありません

――ココ・シャネル

Luxury must be comfortable, otherwise it is not luxury.

贅沢を履き違えている人がいるかもしれません。いつも、ラグジュアリーなところで高価な食事をしたり、散財したり、派手にお金を使うことではありません。**真の贅沢は、心を満足させること**が関係しています。

もちろん、居心地がよくなるためには、お金がかかることもあります。往々にして、質のいい洋服や、着心地のよい服などは、それなりの値段がします。それらにお金を投じることが贅沢だと感じることもあります。

しかしながら、本当の意味での贅沢を感じるのは、普段の生活は普通であっても、たまにお金をかけて、愛する人との時間や交流を持つことではないでしょうか？　それはお金がかかっているかどうかはあまり関係がないのです。

心を満足させること、居心地よい空間に身をおくこと、あなたが一緒にいて幸せになる人と時を過ごせること……。それらは私たちにとって、最高の贅沢なのです。

Great Inspirational Words

78

薬を10錠飲むよりも、
心から笑ったほうが
ずっと効果があるはず

――アンネ・フランク

A good hearty laugh would help more than ten Valerian pills.

笑いの効能は、科学の進歩とともに明らかになっています。落ちている免疫力の改善や、ガンやウイルスをやっつけるナチュラルキラー細胞の活性化や、インフルエンザ、感染症予防としても、よく言われることです。そして、笑うことで、脳の前頭葉が刺激され、脳の血流が増えるそうです。前頭葉は、生きる意欲などを司る部位でもありますので、非常に大切な部分と言えます。これらのことから、笑いは、サプリメントや薬を飲むよりもよっぽど健康的で、安上がりな健康法と言えるのです。

そして、あなたが笑うことで、人間関係も良くなります。脳にはミラーニューロンという部位があり、見たものを真似てしまう、という効果があるそうです。つまり、あなたが笑っていると、それを見た人もつい笑ってしまうのです。こんな経験はないでしょうか？誰かの笑顔を見て、自分も何だか幸せな気分になってつい笑ってしまったことが。

笑いの伝染性は強いのです。精神の安定にも寄与しますので、それがまた健康につながります。一番安上がりで、非常に効果が高い方法です。**これからの時代は特に、とにかく笑って生きていきましょう！**

Great
Inspirational
Words

79

結婚していようがしていまいが、
あなたが幸せならそれが幸せなのよ

――グレタ・ガルボ

If you are blessed, you are blessed, whether you are married or single.

日本では、独身者の生涯未婚率は男性23・4パーセント、女性14・1パーセント（国立社会保障・人口問題研究所の2020年版「50歳時の未婚割合」より）。つまり男性の4〜5人に1人、女性の6〜7人に1人が未婚です。年々独身者の割合が増えており、今後はさらに増える見込みです。さらに、離婚率も、毎年、婚姻数の3分の1が離婚数ですから、かなり多くの人が独身になっていることもわかります。

ここで考えてみてほしいのは、結婚を望んだ既婚者も、独身を望んで独身になった人も、一度も結婚しないで独身の人も、その立場によって大変なこともありますが、はっきり申し上げて、あなたが幸せかどうかは環境には関係ないのです。**あなたが幸せであると思えば、どんな環境でも幸せなのです。**

隣の芝生は青く見えるもの。結婚したい人は既婚者がうらやましいでしょう。温かい家族に恵まれて幸せそうだと。しかし、既婚者はお金と自由を持っている独身者がうらやましかったりするのです。ですから、結婚していようがいまいが、**幸せはあなたが決めることなのです。**

Great
Inspirational
Words

80

大人の人間関係は、
広く浅くではなく
狭く深くが、幸せのコツです

――ワタナベ薫

When it comes to being happy in adult relationships, it's better they be narrow and deep rather than wide and shallow.

「一年生になったら」の歌詞のなかで、「ともだちひゃくにんできるかな」というのがありますが、子どもの頃から、このような価値観が刷り込まれ、友だちは多いほうがいい、という風潮があります。昨今のSNSでも、ビジネスをやっているわけでもない一般の人が、友だちの多さや、フォロワーの多さを誇ったり、「いいね！」の数で一喜一憂していて、リア充の投稿ができるようにと、それを演出する会社までできてしまいました。そんなことは、虚しく、無意味なことです。

はっきり言いますが、友だちは少ないほうが幸せです。なぜでしょうか？　なぜなら友だちが多ければ、付き合いが多くなる、お金もかかる、時間も取られる、人と違うことや、嫌われることを恐れている人々などは特に、自分を見失ってしまい、誰かの意見に合わせてしまいがちです。それよりも、自分らしく生きていき、本当に心許す数少ない友人を持つほうがずっと幸せです。

周りの価値観に振り回されることなどありませんように。たとえ、もし心許せる友人がまだいなかったとしても、あなた自身があなたらしく堂々と生きたときに、必ず似た人が現れ、あなたと心通わす友、または恋人になることでしょう。

Great
Inspirational
Words

81

幸せは、求めるものでも
なるものでもなく、
幸せは、気付くこと

――ワタナベ薫

Don't seek your happiness, be aware of your happiness.

若い頃は誰でも「幸せになりたい」と思ったかもしれません。それは、幸せというのは、今持っていないもので、自分の知らない何かを得たときになれるもの、と信じていたからです。

しかし、どうでしょう？　年齢を重ねれば重ねるほど、若い頃に思っていた幸せは、手が届かないところにあるものではなく、本当に身近なところに、ゴロゴロと石ころのようにあちこちにあった、ということに気付く人もいます。他人と比べずに、自分と向き合うとそれに気付き、気付いたときから、自分の人生に彩りが添えられます。

幸せは、新たに何かを得ることでも、新しい自分になることでもありません。**もうすでに、幸せであることに気付くこと。これが何よりも重要です。**自分が幸せに気付くと、もうそれで十分なくらい人生の成功を得ていますが、実は気付いたあとは、あなたの願望は達成されやすくなるのです。心地よい感情がベースですと、フットワークが軽くなり、行動しやすくなるからです。

幸せの本質に気付いた人から、極上の幸せと人生の成功が得られるのです。

Great
Inspirational
Words

82

毎日、小さな幸せを数えてみる。
案外自分って、
かなりの幸せ者だと思えるから

――ワタナベ薫

Count your daily blessings and unexpectedly you will consider yourself very happy.

人生、良いときも悪いときもありますね。しかし、総じて幸せなのは、あなたがどこに注目しているか？　が関係しています。では、良いことと悪いことが二つ同時に起きたとき、人はどちらに意識が向くと思いますか？　大抵の場合、ネガティブな出来事はインパクトも強く、幸せの数のほうが多くても、たった一つのネガティブに引っ張られてしまいがち。

ここが幸せに生きられるのか、それとも不幸せと嘆《なげ》くのかの分かれ目ですが、そんななかにあっても、あなたの人生のなかの小さな幸せをたくさん数えてください。

「それでも仕事はあるし、飼っている犬は可愛いし、子どもは元気だし、ご飯も食べることができているし、家もあるし、暖かなベッドで眠れている。極論こうして生きているし……その問題で死ぬことはないわ」と、小さな幸せを数えたときに、案外自分はこのうえなく幸せ者なのではないかと思えてくるものです。

この小さな幸せを数えるとは、つらいときだけではなく、毎日の生活が平穏のときからやってみてください。たとえ何かを失うことがあっても、あなたにとってそれ以外の必要なものはすべて残っていますから。

Chapter

7

Life

人生

Great Inspirational Words

83

人生の時間に限りがあることくらい、
誰だってわかっている。
でも、どうしても、
思うようにがんばれないときもある。
それが人間というもの

――エリザベス・エドワーズ

The days of our lives, for all of us, are numbered. We know that. And yes, there are certainly times when we aren't able to muster as much strength and patience as we would like. It's called being human.

エリザベス・エドワーズ (Elizabeth Edwards)

アメリカの弁護士。元ノース・カロライナ州上院議員ジョン・エドワーズの妻。息子を交通事故で亡くし、自身は乳ガンで闘病経験を持つ。著書に回想録『RESILIENCE (レジリエンス)』。1949年～2010年。

誰でも人生のなかでは、苦難や試練に直面し、立ち直らなきゃ、がんばらなきゃ、と思いながらも、思うように力が出ないときがあることでしょう。そうやってみんな必死に生きています。あなたもそんな経験があるのではないでしょうか？

エリザベスは、息子を交通事故で亡くし、その後、乳ガン発覚。苦しい闘病生活に耐えていましたが、のちにガンが再発・転移し、治る見込みはなくなりました。そんななかで、次に襲った試練は、夫のエドワーズの大統領選の間に不倫報道がありました。次から次へと試練が彼女を襲ったのです。彼女はそれらの経験を書きおろし『RESILIENCE（レジリエンス）』という本を出版しました。レジリエンスとは、「精神的回復力」または「不屈の精神」とも訳されますが、まさにその精神をもって、晩年を過ごしました。この本は多くの人々に力を与え、ベストセラーになりましたが、彼女はがんばれないときもある、と述べました。

心が疲れているときは、どんなパワフルな言葉を聞いても、どんな正論をもって励まされても、がんばれないものです。そんなとき「がんばれない時期なんだな」とゆるやかに捉えることで、時が解決することもあるのです。

Great Inspirational Words

84

さっさと人生を
変えてしまえばいいのに、
なぜくよくよしているだけなのか

——ココ・シャネル

You should change your life. Why are you only making excuses?

あなたは今の環境や人生に満足していますか？　自分の置かれた環境が、自分の望むものでないときに、人は二つの反応に分かれます。ひとつは、前向きにその問題に向き合い対処し、望む人生を構築していこうとする人と、もうひとつの反応は、悲劇のヒロインのようにくよくよしてしまうタイプです。

往々にして前者は少数派で、後者は多数派です。ですから、成功している人たちの人数は、圧倒的に少なくて、ストイックに人生を変えようと努力するのです。

人は、人生を本気で変えようとするタイミングに、何度か直面します。どんなときだと思いますか？　それは、「陰極まりて陽となす」という言葉にあるように、人生がほとほともう嫌だ……と、人生の底を打ったときに動き出すのです。

くよくよして、なんとかなるくらいなら、いくらでもくよくよしたらいいのですが、何の得にもならないなら、さっさと変えてしまえばいいのです。**まず変えるのは、「思考」と「言葉」です。それらを変えれば「行動」が変わっていき、「結果」が変わるからです。**

Great
Inspirational
Words
85

一度だけの人生。
それが私たちの持つ人生すべてだ

――ジャンヌ・ダルク

One life is all we have.

残りの命があと、1年しかなかったら、あなたは何をしますか? 人は自分の死を目の前にしたときに、本気で残りの人生を考え始めます。

『最高の人生の見つけ方』(2007年・アメリカ)という映画がありました。余命半年を宣告された初老の男性二人が出会い、二人で死ぬ前にやっておきたいことリストを作り、片っ端からやりたいことを始めます。リストに書いてあったことは、今からでもできることばかり。この映画が伝えたかったことは、「一度限りの人生、生きているうちにやりたいことをやろう!」そんなメッセージを受け取った気がしました。

人生はたった一度きりです。 それがすべてだと考えたときに、私たちがこの世を去るときに、もっと遊べばよかった、もっとバカすればよかった、もっと……そんな後悔が一切ないように、今からリストを作り、できることは今からやってみましょう。

私たちは今現在は余命宣告をされていないかもしれませんが、明日の命など保証はない、という点では彼らと同じです。**やりたいことはすぐに!**

Great Inspirational Words

86

人はいつだって何かを失っているのよ。
それでも私たちは
生き続けなければならない、
そうでしょう？

――マリリン・モンロー

People always experience loss. But we still have to continue living, don't we?

確かに、人はいつも何かを失いながら生きています。失わない人生などありませんし、手からスルリと抜け出て、どこかに行ってしまいそうになったときに、失わないように、しがみつき、握りしめ、執着している場合、成長はもたらされません。

何かを失うとき、それは非常につらい経験になります。家族の死や離婚、ペットとの別れ、恋人との別れ、親子の別れ、仕事やお金や様々なものを失うことがあるかもしれません。有形無形のものを、人生では数え切れないほど失っています。それでも私たちは生きなければならないのです。

そのようなときは、出口の見えないトンネルに入ったかのような気分で、不安と恐怖でいっぱいで、先を見れば見るほど、力が失われるような気分になるのです。そんなときは、今のこの瞬間だけを見て、そこに集中することで生き続けることができます。**今日一日だけ、と思って生きてみましょう。**人生とは、そういうものなのです。

Great Inspirational Words

87

置かれた場所で咲きなさい

——渡辺和子

Bloom where God has planted you.

渡辺和子（わたなべ・かずこ）

修道女。元ノートルダム清心学園理事長。著書『置かれた場所で咲きなさい』（幻冬舎）が、200万部を超えるベストセラーに。1927年〜2016年。

この言葉は、200万部のベストセラーになった本のタイトルです。人は置かれた場所にいて、誰と闘うわけでもない自分のステージ上で演じながら生きています。自分のステージに立っていますから、誰かのステージに立つこともできず、そして、誰かもまた、あなたのステージの主役になることもできません。置かれた場所で、精一杯一花咲かせることができるのです。その立場、立場において、それができるのです。

他人から見れば、恵まれた環境で暮らしている人、それとは逆に、節約を強いられ、贅沢ができないような暮らしをしている人も、それでも、それぞれの置かれた立場で、自分なりに「咲く」ことができるのです。

「咲く」とは何のことでしょうか？　きっと、その置かれた環境で生きがいのような、何か心を向けられるものを見つけ、活き活きと生きることではないかと想像します。もちろん、人生においては、問題も苦しみもありますから、そんなときは、次に咲くときのために、休むこと。それは栄養分の蓄えになるのです。

Great
Inspirational
Words

88

人生は、決して後戻りできません。
進めるのは前だけです。
人生は一方通行なのですよ

――アガサ・クリスティ

One can never go back, one should never try to go back—the essence of life is going forward.

アガサ・クリスティ(Dame Agatha Mary Clarissa Christie)

イギリスの作家。発表された推理小説は世界的なベストセラーとなり「ミステリーの女王」と呼ばれた。代表作に『そして誰もいなくなった』『オリエント急行殺人事件』など。作品は恋愛要素の比重が高く、彼女自身も夫の不倫や離婚を経験し失踪事件を起こすなど、波乱万丈の人生だった。1890年~1976年。

過去の嫌な出来事に意識を向けて、何度も何度もそれを思い出し、その記憶をリピートし、そして後悔したり、感情を荒立てたりすることがあるかもしれません。しかし、それは無意味なこと……どころか、害悪が自らに訪れます。それは負の感情をさらに強くして、また同じようなことを引き起こしてしまいます。思考パターンが過去の出来事と同じになってしまうからです。

どんなに後悔したとしても、過去に戻ってやり直すことも、出来事を変えることもできないのです。しかし、朗報があります。その**過去の嫌だったことの認知を変え、そこからの「学び」を抜き取り、意味づけを変えることはできます。それにより次の未来に活かされます。**

この言葉を書いたアガサ・クリスティはベストセラー小説家でしたが、正規の教育を親の方針で受けたことがなく、それが文字を書くときに影響を及ぼしました。それでも彼女は、自ら受けたその教育に誇りを持っていたそうです。過去を振り返り嘆いてもしょうがない。前向きに未来に向かって進むだけなのです。淡々と……。

Great
Inspirational
Words

89

あなたが心から
正しいと思うことをしなさい。
どちらにしても周りから
あれこれ言われるのです。
したらしたで批判され、
しなければしないで
散々非難されるんですから

――エレノア・ルーズベルト

Do what you feel in your heart to be right — for you'll be criticized, anyway. You'll be 'damned if you do, and damned if you don't.'

エレノア・ルーズベルト（Anna Eleanor Roosevelt）

アメリカの女性運動家、政治家、文筆家。アメリカ合衆国第32代大統領フランクリン・ルーズベルトの妻、アメリカ国連代表。リベラル派として高名であった。ルーズベルト政権の女性やマイノリティに関する進歩的政策はエレノアの発案によるものであると言われている。1884年～1962年。

日本人は他人からの批判を嫌う傾向があります。それは日本は和を重んじているため、他の人と違うことに対して、過度の抵抗感を持っているからです。それゆえに、何かの決定、選択をするうえで、これは、やったほうがいい、とか、これはやると目立つからやめよう、などのように、ついつい他人の目を気にして決めがちです。本当にそれでいいのでしょうか？

この大統領夫人のおっしゃる通り、結局のところ、何をやってもやらなくても、他人からは何らかの評価を受けるものです。結局批判、非難されるのです。どちらを選んでもそうであるなら、自分が信じた道を歩み、行動するのです。それこそが、自分の人生を生きることになるのです。それは、基本的人権でもあります。

他人は、言いたいことだけ無責任に言い放ち、被る責任などとってはくれません。ですから、あなたの直感に従い、やりたいと思ったことはどんどんやりましょう！　直感かどうかの判断は、そのことにあなたのプラスの感情が動いたら、それはＧＯサインです！

Great
Inspirational
Words

90

私にとって最高の勝利は、
ありのままで生きられるように
なったこと、
自分と他人の欠点を
受け入れられるように
なったことです

―― オードリー・ヘプバーン

The greatest victory has been to be able to live with myself, to accept my shortcomings and those of others.

「変わること」と「変わらないこと」。どちらも大切ですが、しかし、あなたの持つ本質、資質、あなたの元々の心根、それは変わらないでいて、自分でそれを認めてあげられることが、人生の目的の一つです。それを表すふさわしい言葉が「ありのまま」なのかもしれません。

しかし、自分のありのままは、ある意味、弱さやずるさなど醜い部分もあるかもしれません。それも含めてすべて丸ごとOKを出せたときに、強さに変わります。外見は衰えていっても、朽ちることのない内面が確立されていると、人生は大きく変わります。そして、他人にも本当の意味で優しくできるようになるのはそのときです。それは、自分にも弱さや醜さがあるのだから、他人だって同じである、という多種多様性をも受け入れられるようになるのです。

そうなったときに、器の大きさや懐の深さという部分が成長していくのです。しかし、それらは、きっとこの世を去るときまでの、万人に課せられた人生の宿題なのかもしれません。

Great Inspirational Words

91

太陽の光と雲ひとつない
青空があって
それを眺めていられる限り、
どうして悲しくなれるというの？

――アンネ・フランク

As long as this exists, I thought, this sunshine and this cloudless sky, and as long as I can enjoy it, how can I be sad?

目の前に板チョコがあるのを想像してみてください。その板チョコは、ほんの少しだけ欠けています。多くの人は、そのチョコレートよりも、その欠けた部分が最初に目に付くことでしょう。ある人は、ずっとその欠けた部分が気になるかもしれません。しかし、ある人は、欠けた部分よりも目の前にあるその美味しそうなチョコレートが食べられる、そんな楽しみを思い見るかもしれません。あなたはどちらでしょうか？

つらい状況のときには、そのつらさやその事象に意識が向きます。誰でもそうです。しかし、その後の違いは先ほどの板チョコと同じく、ずっと欠けた部分、つまりここではつらいことに意識を向けるのか？　それともまだ残っている喜ばしいこと、感謝できることに意識を向けるのかで、人生の幸福度は雲泥の差です。

コロナ禍により、多くの人が苦境に立たされましたし、絶望的な状況で何もかも失ったかのような人々もいます。自分にはもう何も残っていない、と思えるほどの逆境であっても、空を仰げば、太陽があって青い空が見えて、私たちは自然からの恵みを得ています。どんな状況であっても生きているのです。

Great
Inspirational
Words

92

好きなことを何でもいいから一つ、
井戸を掘るつもりで、
とことんやるといいよ

――白洲正子

No matter what you like, master it and put great effort into it.

白洲正子（しらす・まさこ）

随筆家。初めて能舞台に立った女性。東奔西走する姿から、「韋駄天お正」とあだ名された。読売文学賞2度受賞。1910年〜1998年。

好きなことを極めることの益があります。それは、まずは好きなことをすると、気分が上がる、つまり生命エネルギー値が上がり、生きるのが楽しくなります。ですから、わざわざでも、その好きなことをする時間は必ず作ったほうがいいのです。

さらに、その好きなことをもし極めることができたら、どうなるでしょうか？ それが副業やスモールビジネス、または起業して会社を持つことさえ可能になる道が開かれます。私も今の二つの会社経営は、最初はたった一つの趣味、ブログからスタートし、その好きな趣味をどんどん極めていったことの結果です。

極めることで、その種のプロフェッショナルになります。3年もあれば、そのあなたの好きなことは仕事になることでしょう。今はSNSの力で、1年ほどで収入になる人もたくさんいます。もし、そうなれたら、もう無理に仕事をしている、という感覚もなくなります。

好きなことで、まだ極めてこなかったことを、この機会にぜひ着手してみましょう。それはあなたの人生に彩りを加えることになるからです。

Great
Inspirational
Words

93

私は遺言を残しません。
常日頃言っている事が、
全て私の遺言です

――広岡浅子

I will not leave a will. Everything I say on a daily basis is my will.

私たち人間は必ず、いつかこの世を去る日がきます。生まれてから、確実に死に向かって生きているのです。「死」を意識したとき、「生」を意識することになります。死ぬことは確実に決まっているわけですから、どう生きるべきなのか？ 何をしたらいいのか？ やり残していることや、先送りしてきて着手していないことはないだろうか？ と立ち止まって考えてみてください。

やりたいと思っていながら、まだやっていないことがいくつかありますか？ 興味がありながら、スルーしてきたこと、やり残したことはありますか？ 何か夢はありますか？ それらを残りの人生ですべてやってみるのです。生まれてきた理由は、魂の成長でもありますが、それらはあなたの真の姿、本質を思い出し、それに戻り、子どものように素直にこの世に生まれてきたことを楽しむことなのです。

どうせ私たちはいつか死ぬのです。何か失敗しても、数年後には忘れ去られます。安心してください。それまでの間、大暴れしてください。死ぬときに、やり残したことを後悔するようなことがないように。

Great
Inspirational
Words

94

挫折はあなたをたくましくする

――宇野千代

The challenges in life are what make you stronger.

人生のなかで、「挫折」と言われることは何度起きるでしょうか……そんなに多くはないと思いますが、もしその機会があったとしたら、それはもしかして宝のような経験になることでしょう。私の場合は、挫折だらけでしたので、その度に、宇野千代さんがおっしゃる通り、たくましくなっていきました。

しかし、今思えば、それらの経験がなければ、今の私は存在していません。挫折だらけの渦中にあるときは、つらすぎて「もう生きているのも無理……」と思えるほどでしたが、しかし、そのときに経験した「自分の力ではもうどうすることもできないのだから、ことの流れを天に任せよう」と力を抜き、すべてを手放し、本当の意味でニュートラルになることができました。頭でわかっているニュートラルとはまったく違い、今思えば類《たぐ》い稀《まれ》な経験になりました。

「たくましさ」というのは、持って生まれた天性のものと、あとから修養によって学び、経験して身につくものの二種類あります。ですから誰でもたくましくなれるのです。なぜなら生きていれば、一度や二度は挫折し、そして絶望することさえあるのですから。

Great
Inspirational
Words

95

ある日突然、別の人になれなくても
ある日を境に、人生を変えることは
できます

――ワタナベ薫

You can't suddenly become another person, but you can change your life.

「変わる」は、20代から50代までの女性たちの関心度が高いキーワードです。とある女性向けのビジネス雑誌では、毎年何回か本のタイトルにこのキーワードを使っています。多くの女性は一体何をそんなに変えたいのでしょうか？　いろいろと考えられます。人生を変えたい、性格を変えたい、習慣を変えたい……つまり、それは言葉を換えれば、人生をよくしたい、というものです。

しかし、突然別人になることはできなくても、ある日を境に人生を変えることはできるのです。きっかけなんて案外小さなものです。私も、本のたった一文でこれまでとは違った人生の歯車が回り始め、急激に変わった人間の一人です。そしてその一文に出会った日に決意したのです。ここに書かれているように生きよう！　と。

人生なんてそんなもので、**決める、決断、腹をくくる、自分との約束を守る、**そのようにして、**人生も性格も習慣もそのときから変えることができる**のです。なかなか変われない人は、変わりたくないだけなのです。

Great
Inspirational
Words

96

人生の妥協度は
「服」と「部屋」に表れる

――ワタナベ薫

Take a look at your clothes, take a look at your room. This will tell you if you are making compromises in your life.

ある人にとってはドキッ！　とする言葉かもしれません。なぜ、「服」や「部屋」と「人生」がそんなに関係があるのでしょうか？　なぜなら服も、小物も、部屋も家具も、自分が選んできたものだから。つまり、自分でコントロールできる部分だからです。コントロールできるのに、お気に入りのものに囲まれていないのなら、あなたはそれを妥協で選んでいるのです。コントロールできるものをコントロールしていないのであれば、なかなか思い通りにならない人生はなおのこと、妥協している部分が多いと言えるでしょう。

人生から妥協をなくすには、小さなことから妥協することをやめる練習をすることをお勧めします。たとえば、レストランで食べたいものよりも値段で選んでいるとしたら、ほんの少しの差なら、本当に食べたいものを選びましょう。洋服を買うときも同じです。妥協して選ばないことです。

あなたの人生に入れていいものは、あなたの好きなもの、お気に入りのもの、あなたの気分が上がるものだけです。そしてやりたいと思ったことは妥協せずにチャレンジできる人生でありますように。

Great
Inspirational
Words

97

素っ裸で勝負できる人になる。
自信がない人ほど
高級品で外見を飾り立てようとする

──ワタナベ 薫

Don't be a fool who has no confidence and decorates themselves with material things. Those with confidence need no material things.

自信というのは、経験により少しずつ、少しずつ構築されていくもの。自信がない自分も認められたときに人は謙虚になり、多くの人から、または人生から学びを深め、そうやって成長していきます。

「この自分で生きていく！」という自信は、どこにも売っていないので、即席でも何でもいいから身につけたい、と思ったときに、お手軽にそう見えるのが、外側を飾る高級品やブランド物。もちろん、それらを身に着けてはいけない、というわけではありません。ブランドにはそれなりの歴史と上質さがあるのですから。けれども、自信のなさを、それらでごまかそうとする行為が、成長を止めてしまいます。なぜなら、一見、自信がありそうに即席でなれてしまいますので、そこで満足してしまう可能性があるからです。

自分磨きをするなら、まずは内面磨きから。あなたの感性を磨くためには、良書をたくさん読み、いろいろな人々の見方を学ぶ、感性を研ぐために感動する映画をたくさん見る、または、国内外の美しい場所を訪れて体感することなどで、感性豊かな女性に成長するのです。ブランド物に負けない自分を作りましょう。

Great
Inspirational
Words

98

人生はとことんシンプル。
難しくしているのは自分です

――ワタナベ薫

Life is extremely easy. We make it difficult ourselves.

意外に思われるかもしれませんが、人生で難しいことはあまり存在しません。あなたの深層心理には大抵の場合、もう答えというものが存在しているのです。たとえば、何かを決定するときに、次の質問でほとんどの答えが出ます。

やりたいのか？　それとも、やりたくないのか？
行きたいのか？　それとも、行きたくないのか？
それはあなたの問題？　それとも、他人の問題？
自分は、ぶっちゃけ、どうしたいのか？

これくらいです。たとえば、夫の浮気に悩んでいたとしたら、どの質問がよさそうですか？　会社の上司に叱られて家に帰ってきても落ち込んでいるときは、どの質問がよさそうですか？　好きな人に告白されて付き合うかどうか迷っているときは？

人生はとてもシンプル。難しくしているのは、自分自身にほかなりません。
そして、人生はとても短いのです。悩んでいる時間はもったいないです。

Great Inspirational Words

99

私の人生、私のもの

――ワタナベ薫

My life is my own.

自分の人生なのに、自分の決定ができず、他人の目をつい気にしすぎてはいませんか？ 自分の人生なのに、他人に嫌われることを恐れるあまり、思ったことを言えないと感じることがありますか？ ついつい思っていないのに、力ある人の言動に賛同していませんか？ もしそれをしているのなら、あなたは自分の人生のハンドルを他人に握らせていることになります。

あなたの人生は他の誰のものでもなく、あなたのものなのです。身近な誰かの言うなりになどなる必要は一切ありません。

いつも自分ですべき決定を他の人にしてもらっていると、あなた自身は、自分の感情がわからなくなることがあります。常に、自分に問いかけてみてください。「本当はどうしたいのか？」と。あなたをコントロールしようとする人からは遠慮なく離れてください。

人生は本当に短いのです。あなたがこの世を去るときに、「思う存分、自分の人生を生きた！」と言えるために、今日、今この瞬間から、あなたの人生を生きると決意してください。**あなたの人生はあなたのものなのです。**

Great
Inspirational
Words

100

人生で大切なこと。
愛と笑いと感謝の心

――ワタナベ薫

What's important in life is to love, laugh and be grateful from the heart.

私が人生のなかで、厳選した三つの大切にしていることはこれです。**「愛」「笑い」「感謝」**です。森羅万象すべてに愛しく思い、愛を感じ、そして、いやな経験も不快な出来事も、すべて笑いに変え、昇華させること。そして何よりも、今こうして生きていること、様々な自然の恩恵、好きな仕事ができること、多少の嫌な出来事もすべて今の自分に必要なことと考えたとき、本当に感謝です。

自然も、宇宙も、そして世界も美しいですね。世界の歴史に残るような大変革期のなかでも、あなたは今こうして生きていて、こうして本を手に取り読むことができています。世の中には、読書もできず、非識字の人々もまだいることを考えると、なんとありがたいことでしょう。

空を見上げれば、善人も悪人も平等に、美しい星と青空を見ることができ、空気も水も与えられ、彩り豊かな自然という目を楽しませる名画以上の神の創造物を、毎日見ることができるのです。なんと贅沢なことでしょう。そして、あなたを必要としてくれる人、一緒に笑える友や家族、あなたは生きるうえで素晴らしいものをたくさん手にしています。それが何よりもの真の幸せです。

おわりに

最後まで目を通していただきまして、ありがとうございました。過去に存在した強くてしなやかで、凛とした女性たちの言葉からきっと励みを得られたことでしょう。これからもし、人生に迷ったり、つまずいたり、試練や逆境にあったときは、あなたが知りたいと思う質問を一つ本に投げかけてから、パラパラとめくり、あなたの思うところで手を止めて、そのページの言葉を読んでみてください。きっとそのページのどこかに、あなたが欲しかった答えが載っているはずです。

さてあなたは今、何歳ですか？「もう夢を持つのには遅すぎる」というように思うことがありますか？　何かを成し遂げるのに年齢は関係ありません。

若さには、いい意味での無謀さとパワーがあります。後先をあまり考えずに飛び込むこともできます。しかし、年齢を重ねていくたびに、それらが失われ、無難に生きようとしがちです。人に嫌われないような行動、嫌われないような言葉、波風立てずに静かに生きる……そのような生き方をする人もいます。しかし、どうか本書に登場する偉人女性たちの存在を思い出し、人と違っていいこと、自分で未来を作り出すこと、やりたいこと、夢を叶えてもいいんだ、ということを、時々開いては思い出してみてください。

この場を借りて、ちょっとだけ、本書のカバーがどのようにしてできたかについての物語を書かせてください。カバーのモデルは私ですが、この写真一枚には、たくさんの人々が関わっています。カメラマン、メイクアップアーティスト、ヘアスタイリスト、スタイリスト、そして編集者やスタッフたち、もっと言えば、デザイナー、印刷所……たった一枚の写真にもストーリーがあるのです。

今から6年前、我が家に一人のメイクアップアーティストが、私のコンサルを受けにやってきました。Ｓｈｉｚさんと言って、地元広島でパートで務めながら、メイクを教え、当時メイクの収入は月に2～6万円程度だったそうです。彼女は20年以上も前から、アートメイクのような斬新なメイクを一般女性に施し、それを写真に撮る「作品撮り」というのをしていました。

彼女の数々の作品を見せられたときに、私はこの人の才能はただものではない、と頭をよぎったのです。当時彼女は、43歳。一般的には、何かを追い求めるには難しいと言われる年齢です。しかし、コンサル後、学びに費やした時間とお金はとても増えました。そして48歳のときには、英語を話せませんでしたが、ニューヨークのメイクスクールに最先端のメイクを学びに行きました。いい意味での無謀さとはこのことです。

その後、昔から彼女と一緒に作品撮りをしていたヘアスタイリストのＮａｏさんという方をご紹介いただき、お二人には私のセミナーの全国ツアーのときに、専属のメイク＆ヘアスタイリストとして同行していただきました。その期間中に、弊社で洋服を作り販売することになり、衣装のEmiさんという方をご紹介いただきました。彼女たちの共通点は、20年以上にわたり、そうした作品撮りというのをやっていらしたようです。

その年から、私たちは海外で毎年一つ作品を撮ろうと決めていました。私はモデルとして参加させていただき、それは類い稀な経験となりました。これまではニューヨーク、パリにて作品を撮りました。継続さえしていたら何かが生まれる、と知っていたからです。

そこからたった3年目の今回、編集者からご提案をいただき、私たち4人は公に出版される本のカバーを手がけることができたのです。彼女たちがずっと描いていた夢が叶ったのです。まるで大人の部活のように、第二、第三の青春を私たちは楽しんでいるかのようでした。

本書はこうして出来上がった貴重な思い入れのある一冊となりました。何歳になっても夢は叶えられる、そしてやりたいことにどんどんチャレンジして、その背中を子どもたちや、関わる人々に見てもらうことで、多くの人々の励みになったことでしょう。

そして、この本が出来上がるまでには、もう一つストーリーがあるのです。この度やっとご一緒に仕事をさせていただいた編集者の太田真弓さんです。彼女は5年以上も前から、私の一ファンであり、すべてのセミナーに足を運び、ファンと一緒にサイン会に何時間もかけて並び、「ワタナベさんの本を出したい」とおっしゃってきた方です。私は新しい編集者とは組まないことに決めていたのですが、彼女の熱意と努力と苦労の末、セミナーチケットやサイン券を取り、こうした出版の機会を摑んだ強運の人です。

さて私は、10年以上にわたり、一般女性たちが夢を叶えるためのお手伝いをしてきました。そこでわかったことは、人は、何かが腑に落ちたとき、年齢も環境も、そして、今回のような未曽有の試練のときにあっても関係なく、夢を叶える、摑めるものだということを。それがたった一行の言葉や、誰かと出会い影響を受けたときです。この偉人女性たちの格言がそうなる可能性があるのです。

私自身は、14年以上も前から365日毎日ブログでそれができる情報を提供し続けており、現在では、オンラインサロンのメンバー3500名とともに、学びも深めています。人生を変えたい！　と思ったときが変わるとき。あなたがこの本を手にしているのも、偶然ではなく、きっと何かあなたにメッセージがあるからなのかもしれません。ここでご縁がありましたこと、嬉しく思っています。

最後に、毎回本を手にとってくださる、ファンの皆さんには、ふさわしい言葉が見つからないくらい感謝の気持ちが溢れています。皆さんがいてくださるおかげで、本を書くことを生業にし続けられています。そしてブログを毎日書くことができていること、発信者としての自覚と意識を持つことができているのは、毎日ブログを読んでくださっているファンの皆さんのおかげです。

もし、この本で初めて私の存在を知ってくださった方がいらっしゃいましたら、ブログ「美人になる方法」も覗いてみてください（上記のタイトルを検索するとヒットします）。ブログは、14年間以上にもわたり、３６５日、毎日更新しています。これからも、皆さんの人生に役立つ情報を無料で発信していきますので、そこでまたお会いいたしましょう！

最後までお読みいただきまして、ありがとうございました。皆さんと、皆さんが関わるすべての人の人生がこれからもますます輝き、幸福で満ち溢れることをお祈りしております。

愛と感謝とともに

２０２０年11月　ワタナベ薫

参考文献

『樹木希林 120の遺言 死ぬときぐらい好きにさせてよ』樹木希林（宝島社）
『マリリン・モンローという生き方 劣等感を持つ女は美しい』山口路子（新人物文庫・KADOKAWA）
『広岡浅子徹底ガイド おてんば娘の「九転び十起き」の生涯』主婦と生活社（編）（主婦と生活社）
『コトバのギフト 輝く女性の100名言』上野陽子（講談社）
『知覧いのちの物語―「特攻の母」と呼ばれた鳥濱トメの生涯』鳥濱明久（きずな出版）
『心を元気にする赤い花と名言 赤の言の葉』開発社（編）（開発社）
『ココ・シャネル 凛として生きる言葉』髙野てるみ（PHP文庫・PHP研究所）
『繁星』謝冰心（著）飯塚朗（訳）（伊藤書店）
『女を磨く161の言葉』ディスカヴァー・クリエイティブ（編）（ディスカヴァー・トゥエンティワン）
『新装版 ココ・シャネルという生き方』山口路子（中経の文庫・KADOKAWA）
『マリリン・モンローの言葉』山口路子（大和書房）
『置かれた場所で咲きなさい』渡辺和子（幻冬舎）
『いまなぜ白洲正子なのか』川村二郎（新潮社）
『人生学校 幸せを呼ぶ生き方の秘訣124人の提言』宇野千代（海竜社）

Audrey Hepburn, An Elegant Spirit. Sean Hepburn Ferrer. Atria Books.

Affirming and Focusing on Living a Better Life. Kerie Logan. (Createspace Independent Pub.)

The Art of Living Joyfully: How to be Happier Every Day of the Year. Allen Klein. Viva Editions.

Marilyn Monroe: The Private Life of a Public Icon. Charles Casillo. St. Martin's Press.

Wit and Wisdom of George Eliot. George Eliot. Nabu Press.

The Little Blue Book of Sailing Wisdom. Stephen Brennan. Skyhorse Publishing.

The Diary of a Young Girl. Anne Frank. Diamond Pocket Books Pvt. Ltd.

Coco Chanel. Marcel Haedrich. Frédérique Patat.

Anne Frank: Reflections on Her Life and Legacy. Hyman Aaron Enzer ed, Sandra Solotaroff-Enzer ed. University of Illinois Press.

Tenants of My Mind. Ariette Singer. Doctorzed Publishing.

Stepping Stones: A Guide for Mature-Aged Students at University. Jill Scevak ed, Robert Cantwell ed. ACER Press.

Grand Hotel. Vicki Baum. Geoffrey Bles.

Margaret Thatcher' Volume One: The Grocer's Daughter. John Campbell. Random House.

Personal Geography: Almost an Autobiography. Elizabeth Coatsworth. Countryman Press.

"LA GRANDE MADEMOISELLE". *Harper's Bazaar UK 2017 Oct*.

My Life in Three Acts. Helen Hayes, Katherine Hatch. Harcourt, Brace Jovanovich.

Notes on 'Camp'. Susan Sontag. Penguin Classics.

The Story of My Life. Helen Keller. Grosset and Dunlap.

The Journals of May Sarton Volume One: Journal of a Solitude, Plant Dreaming Deep, and Recovering. May Sarton. Open Road Media.

George Eliot: Quotes. Daniel Coenn. BookRix.

Ride the Waves - Volume II: How to take control of your life one emotion at a time. Tracy Friesen. Balboa Press.

Be Love: A Book about Awakening. Ned Burwell. FriesenPress.

Helen Keller Heard Loud: Helen Keller Quotes. Sreechinth C. UB Tech.

Healing: Advice for Recovering Your Inner Strength & Spirit from the World's Most Famous Survivors. Jena Pincot t ed. Random House Reference.

The Bible Code Princess Diana and Dodi Fayed. Pamela Lillian Valemont. Lulu.com.

The Style Checklist: The Ultimate Wardrobe Essentials for You. Lloyd Boston. Atria Books.

Anne Frank: The Collected Works. Bloomsbury Continuum.

How a Single Woman Can Overcome Stigmatisation: Thriving in a World of Negative Stereotypes. Esther Kuganja. AuthorHouse UK.

Joan of Arc, A Saint for All Reasons: Studies in Myth and Politics. Dominique Goy-Blanquet ed. Routledge.
The Oxford Dictionary of Quotations by Subject. Susan Ratcliffe ed. Oxford University Press.
How to Stop Worrying and Start Living. Dale Carnegie. Gallery Books.
How to be Lovely: The Audrey Hepburn Way of Life. Melissa Hellstern. Robson Books.
The Diary of a Young Girl: The Definitive Edition of the World's Most Famous Diary. Anne Frank. Penguin.

"Q & A Yoko Ono", *The Guardian*.
https://www.theguardian.com/theguardian/2001/nov/10/weekend7.weekend
"The Panorama Interview". *BBC*.
http://www.bbc.co.uk/news/special/politics97/diana/panorama.html
"10 career lessons we've learnt from Anna Wintour", *VOGUE*.
https://www.vogue.com.au/vogue-codes/news/10-career-lessons-weve-learnt-from-anna-wintour/image-gallery/2175331ff85d2fd2b549940dcc9316d1
"Coco Chanel's Best Quotes On Beauty and Style", *Harper's BAZAAR*.
https://www.harpersbazaar.com.sg/beauty/coco-chanel-beauty-and-style-quotes/

Jeanne d'Arc, Maid of Orleans, deliverer of France. T. Douglas Murray ed. William Heinemann.
http://www.gutenberg.org/files/57389/57389-h/57389-h.htm

"'I was doing this before you were born': Yoko Ono on John Lennon, infidelity and making music into her eighties", *INDEPENDENT*.
https://www.independent.co.uk/news/people/profiles/i-was-doing-you-were-born-yoko-ono-john-lennon-infidelity-and-making-music-her-eighties-8788694.html

"From Yoko Ono to Leonard Cohen – the old masters finding new inspiration", *The Guardian*.
https://www.theguardian.com/artanddesign/2012/feb/10/yoko-ono-leonardo-cohen-artists

"Being Precious: Gabourey Sidibe", *Harper's BAZAAR*.
https://www.harpersbazaar.com/celebrity/latest/news/a466/gabourey-sidibe-precious-interview-0210/

"Elizabeth Edwards, ailing, posts on Facebook", *POLITICO*.
https://www.politico.com/blogs/ben-smith/2010/12/elizabeth-edwards-ailing-posts-on-facebook-031224

ワタナベ薫 Kaoru Watanabe

1967年生まれ。仙台在住。株式会社WJプロダクツ代表取締役であり、他1社を経営する実業家。美容、健康、メンタル、自己啓発、成功哲学など、女性が内面と外側の両方から綺麗になる方法を発信しているメンタルコーチ。2006年から始めたブログは、どんなことがあっても毎日更新。1日に3万人以上が訪れる人気カリスマブロガー。著書に、『運のいい女《ひと》の法則』(三笠書房)、『幸せになる女《ひと》の思考レッスン』(光文社)、『女は年を重ねるほど自由になる』(大和書房)など多数。

ブログ　美人になる方法
https://ameblo.jp/wjproducts1/
株式会社WJプロダクツ
https://wjproducts.jp/
LINEブログ
https://lineblog.me/watanabekaoru/
オンラインサロン カオラボ
https://wjproducts.jp/salonwatanabe/

本文DTP　株式会社アイ・ハブ
校正　株式会社鷗来堂
翻訳　Bryan Stratford
撮影　神ノ川 智早
メイク　Shiz
衣装　野知 恵美
ヘア　八野 直子
編集　太田 真弓
写真協力　Renata Apanaviciene / Shutterstock.com(P12)
Guido Mieth / ゲッティイメージズ(P74)
Oksana Shkrebka - stock.adobe.com(P138)
Jesser Chio / EyeEm / ゲッティイメージズ(P188)

凜《りん》として生《い》きるための100の言葉《ことば》

2020年11月18日　初版発行
2024年 4 月20日　4 版発行

著者　ワタナベ薫《かおる》
発行者　山下直久
発行　株式会社KADOKAWA
〒102-8177　東京都千代田区富士見2-13-3
電話 0570-002-301（ナビダイヤル）
印刷所　大日本印刷株式会社

●お問い合わせ
https://www.kadokawa.co.jp/（「お問い合わせ」へお進みください）
※内容によっては、お答えできない場合があります。
※サポートは日本国内のみとさせていただきます。
※Japanese text only

定価はカバーに表示してあります。

ISBN 978-4-04-605025-0　C0095
JASRAC　出　2008808-404